Karl-Hans Seyler

Aufsatz 7/8

ISBN 3-89291-482-6

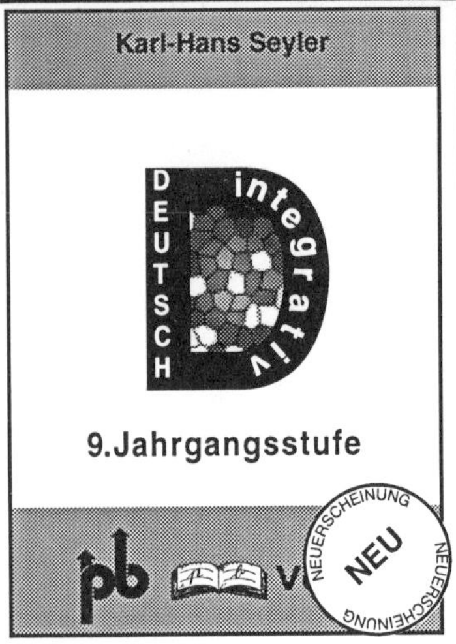

Inhaltsübersicht:

1. Miteinander reden und vor Zuhörern sprechen Diskussion - Stellungnahme
2. Für sich und andere schreiben Bewerbung/Lebenslauf/Vorstellung
3. Zugang zu lyrischen Texten finden/ kreativ mit Sprache umgehen Lyrik (Gedichte)
4. Zugang zu lyrischen Texten finden/ Sprache untersuchen und aufmerksam gebrauchen Kurzgeschichte
5. Sichmit Massenmedien auseinandersetzenTriviale Texte („Groschenromane")
6. Sich mit Massenmedien auseinandersetzen Massenmedien (vergleichende Darstellung)
7. Sach- und Gebrauchstexte erfassen und auswerten Gebrauchstexte
8. Bücher kennen lernen und lesen Jugendbuch: „Die Kinder von Schewenborn"

Deutsch integrativ 9
Nr. 944 *160* **Seiten DM 38,80**

Deutsch integrativ 7
Nr. 942 *ca.160* **Seiten DM 38,-**

DEUTSCH Schriftl. Sprachgebr. NAME: KLASSE: DATUM: NR.:

Sich mit Problemen auseinandersetzen

Behinderte haben viele Probleme. Zeige Lösungsmöglichkeiten auf!

Lösungsmöglichkeiten:

- durch den einzelnen:
  - Hilfsbereitschaft, Rücksichtnahme
  - Tätigwerden in Förderkreisen für Behinderte
  - Spendenaktionen unterstützen
- durch den Staat:
  - Erleichterungen bei der Arbeitsplatzsuche
  - Unterstützung des Behinderten selbst (finanziell/sozial) und des Betriebes (finanziell)
  - Behindertenfreundliche Konzeption von Gebäuden
  - Bau von Behindertenstätten, wo Integration nicht möglich ist (Heim für Geistigbehinderte etc.)
  - Lösung der Personalfrage (Ausbildung; kleine Gruppen; neue Therapiewege)
  - Anregung und Erleichterung der Integration in die Gesellschaft (Vereine etc.)

Arbeitsauftrag:

Inhaltsübersicht:

Erzählen
Wir schreiben eine Bildergeschichte:
Der schlechte Hausaufsatz
Eine Sage nacherzählen:
In der Höhle des Zyklopen (Odyssee)
Eine Geschichte zu Ende erzählen:
Bootsfahrt im Nebel
Wir verändern vorgegebene Texte:
Reklamiertes Märchen
Wir schreiben eine Lügengeschichte
Spielerischer Umgang mit Sprache
Berichten
Bericht: Gefahren des Drachensteigens
Bericht: Verkehrsunfall
Bericht: Betriebsbesichtigungen/Betriebserkundungen
Beschreiben
Wir beschreiben Gegenstände
Wir beschreiben Vorgänge: Arbeitsanweisung
Wir beschreiben Vorgänge: Bastelanleitung
Wir beschreiben Bilder
Wir beschreiben Personen
Alltagssituationen schriftlich bewältigen
Bestellung nach Katalog
Wir erstellen Inserate
Wir bewerben uns
Wir schreiben einen Lebenslauf
Inhalte wiedergeben
Wir schreiben eine Inhaltsangabe
Klappentexte: Inhaltsangaben, die neugierig machen
Textgebunden schreiben
Textaufgabe: Der Wolf (F. Salvadori)
Textaufgabe: Ladendiebstahl
Textaufgabe: Susanne hat Wut
Textaufgabe: Knackige Bräune - ein Schönheitsideal wird zum Risiko
Sich mit Problemen auseinandersetzen
Wer kann am besten argumentieren?
Behinderte haben viele Probleme. Zeige Lösungsmöglichkeiten auf!
Naturschutz ist notwendiger denn je! Nimm zu dieser Aussage ausführlich Stellung!

Aufsatzerziehung 7/8
Nr. 864 *160* **Seiten DM 37,80**

DEUTSCH Schriftl. Sprachgebr. NAME: KLASSE: DATUM: NR.:

Die Erfolgswelle von Schnellimbißketten zeigt deutlich: „Fast food" ist zu einem Bedürfnis des modernen Menschen geworden. Siehst du in diesen Schnellimbißketten eine begrüßenswerte oder eine bedenkliche Erscheinung?

Mustergliederung

A. Einleitung:

B. Hauptteil:

I. Vorteile:

II. Nachteile:

C. Schluß:

Inhaltsübersicht:

Inhalte wiedergeben
1. Das Vorstellungsgespräch
2. Die Inhaltsangabe
3. Das Kurzreferat
4. Das Referat
5. Das Protokoll

Textgebunden schreiben
1. Mein schöner Schulalltag
2. Am Fernseher den Magen verdorben
3. Über Frieden
4. Endlagerung am Ende?
5. Analyse nichtpoetischer Texte
6. Die Stau-Gesellschaft
7. Warum, wieso soll jemand uns pflegen?
8. Wenn Europas Wälder schwinden
9. Analyse poetischer Texte
10. Ein Mann fürs Leben (Prosatext)
11. Großstadtmorgen/Augen der Groß-Stadt (Gedichtvergleich)

Sich mit Problemen auseinandersetzen
1. Die Erörterung: Themastellung, Stoffsammlung, Stoffordnung
2. Die Erörterung: Gliederung
3. Aufgaben einer guten Tageszeitung?
4. Bedeutung der Musik?
5. Was spricht für, was gegen Tierversuche?
6. Aufgaben der Werbung?
7. Berufswahl
8. Beseitigung des Mülls
9. Einsatz von Computern
10. Erfolgswelle von Schnellimbissketten
11. Die Erörterung: Einleitung, Hauptteil, Schluss
12. Bau von Kernkraftwerken
13. Kriminalität bei Jugendlichen
14. Jugendalkoholismus
15. „Dinos" - vom Forschungsobjekt zum Verkaufsschlager. Nimm zu dieser Thematik ausführlich Stellung! Untersuche dabei Gründe und Folgen der „Dinomanie"!

Aufsatzerziehung 9/10
Nr. 865 *160* **Seiten DM 37,80**

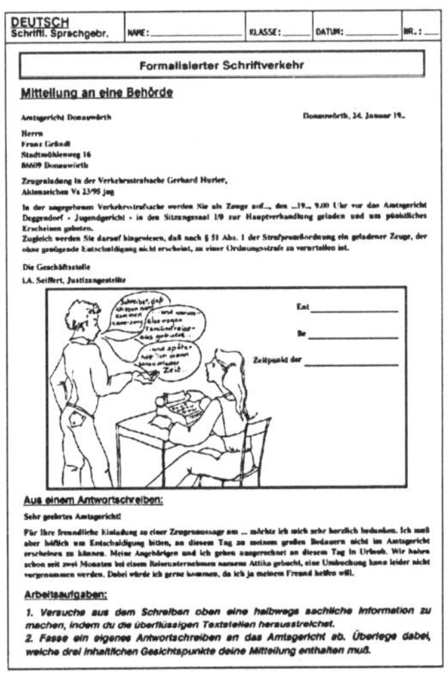
DEUTSCH Schriftl. Sprachgebr. NAME: KLASSE: DATUM: NR.:

Formalisierter Schriftverkehr

Mitteilung an eine Behörde

Aus einem Antwortschreiben:

Arbeitsaufgaben:

1. Versuche aus dem Schreiben oben eine halbwegs sachliche Information zu machen, indem du die überflüssigen Textstellen herausstreichst.
2. Fasse ein eigenes Antwortschreiben an das Amtsgericht ab. Überlege dabei, welche drei inhaltlichen Gesichtspunkte deine Mitteilung enthalten muß.

Inhaltsübersicht:

Beschreiben
Die Bildbeschreibung
Die Personenbeschreibung
Die Naturbeschreibung

Inhalte wiedergeben
Das Protokoll
Das Referat/Die Facharbeit

Alltagssituationen schriftlich bewältigen
Mitteilung an eine Behörde
Das Arbeitszeugnis

Textgebunden schreiben
Eine Flucht vor dem Lärm ist zwecklos
Freizeitverhalten unter der Lupe
Die Jugend von heute - Vorurteile und Meinungen
Alt werden/Gedanken zum Altwerden
An den Grenzen des Wachstums

Sich mit Problemen auseinandersetzen
Richtiges Argumentieren
Die Erörterung (Definition/Erörterungsformen)
Die Erörterung (Stoffsammlung/Stoffordnung)
Die Erörterung (Stoffgliederung)
Die Erörterung (Einleitungsgedanke)
Die Erörterung (Schlussgedanke)
Die Erörterung (Überleitungen)
Die Erörterungsformen (Übersicht)

Aufsatz 9/10
Nr. 485 *96* **Seiten DM 27,80**

Stand der Preise 1999 - Bitte beachten Sie unsere aktuelle Preisliste!

Inhaltsverzeichnis

Erzählen

Berichten

Beschreiben

Alltagssituationen schriftlich bewältigen

Inhalte wiedergeben

Textgebunden schreiben

Sich mit Problemen auseinandersetzen

Deutsch Schr. Sprachgebrauch	Name:	Klasse:	Datum:	Nr.:

Erzählkerne ausgestalten

Als ich elf Jahre alt wurde, schenkte mir mein Großvater einen jungen Schäferhund. Ich nannte ihn Tim, und wir sind unzertrennliche Freunde geworden.
Eigentlich ist Tim sehr freundlich. Nur den alten Raplo, einen großen Mischlingshund mit zerfetztem Ohr und tückischen, kleinen Augen, konnte er nicht leiden. Ich musste immer aufpassen, dass die beiden nicht aneinandergerieten. Das war besonders schwierig, weil Raplo oft allein in der Gegend herumstreunte.
Neulich sollte ich kurz vor Ladenschluss noch schnell ein Brot beim Bäcker holen. Ich nahm mein Fahrrad und raste los. Tim lief neben mir her. Seine Leine hatte ich an den Lenker gehängt. Wenn die Sache mit Raplo nicht gewesen wäre, hätte Mutter ihr Brot sicher noch bekommen.

Arbeitsaufträge:

Erzähle die Geschichte weiter. Was könnte sich zugetragen haben? Das Bild zeigt nur eine von verschiedenen Möglichkeiten.
Suche die für deinen Hauptteil treffenden Wörter!

Eigenschaftswörter (Adjektive)	Zeitwörter (Verben)	Ausrufe/Fragen/ wörtliche Rede
______________	______________	______________
______________	______________	______________
______________	______________	______________
______________	______________	______________
______________	______________	______________
______________	______________	______________
______________	______________	______________
______________	______________	______________

Ich stand auf und sah an mir hinunter. Hemd und Hose waren verschmutzt. Mein rechtes Hosenbein war kaputt, und mein Knie blutete. Mein Fahrrad lag im Gebüsch, und Tim bellte immer noch hinter Raplo hinterher.

Deutsch Schr. Sprachgebrauch	Name:	Klasse:	Datum:	Nr.:

Erzählkerne ausgestalten

Als ich elf Jahre alt wurde, schenkte mir mein Großvater einen jungen Schäferhund. Ich nannte ihn Tim, und wir sind unzertrennliche Freunde geworden.
Eigentlich ist Tim sehr freundlich. Nur den alten Raplo, einen großen Mischlingshund mit zerfetztem Ohr und tückischen, kleinen Augen, konnte er nicht leiden. Ich musste immer aufpassen, dass die beiden nicht aneinandergerieten. Das war besonders schwierig, weil Raplo oft allein in der Gegend herumstreunte.
Neulich sollte ich kurz vor Ladenschluss noch schnell ein Brot beim Bäcker holen. Ich nahm mein Fahrrad und raste los. Tim lief neben mir her. Seine Leine hatte ich an den Lenker gehängt. Wenn die Sache mit Raplo nicht gewesen wäre, hätte Mutter ihr Brot sicher noch bekommen.

Arbeitsaufträge:

Erzähle die Geschichte weiter. Was könnte sich zugetragen haben? Das Bild zeigt nur eine von verschiedenen Möglichkeiten.
Suche die für deinen Hauptteil treffenden Wörter!

Eigenschaftswörter (Adjektive)	**Zeitwörter (Verben)**	**Ausrufe/Fragen/ wörtliche Rede**
heftig, wütend,	zerren, reißen, losrennen,	"Tim, was hast du denn?"
unkontrolliert, überrascht,	losstürmen, bellen, kläffen,	"Tim, lass das!"
hilflos, blutend,	nicht reagieren, stürzen,	"Zerr doch nicht so!"
schmerzhaft, verschmutzt,	aufschlagen, stöhnen,	"Hilfe, ich stürze!"
verbogen, abgesplittert, ...	schimpfen, ...	"Mein Knie schmerzt
		abscheulich."
		"Dieser blöde Köter!"

Ich stand auf und sah an mir hinunter. Hemd und Hose waren verschmutzt. Mein rechtes Hosenbein war kaputt,. und mein Knie blutete. Mein Fahrrad lag im Gebüsch, und Tim bellte immer noch hinter Raplo hinterher.

Deutsch Schr. Sprachgebrauch	Name:	Klasse:	Datum:	Nr.:

Wir schreiben eine Bildergeschichte

Meine Überschrift:

___

Du sollst die Bildergeschichte in eine Erzählung umformen. Auf dem Bild sind nur der Anfang und der Schluss zu sehen. Du darfst nun deine Fantasie spielen lassen und erfinden, was sich dazwischen alles ereignet hat!

Gib den beiden Hauptpersonen lustige Namen, dann wird die Sache erst richtig lebendig!

Die Radfahrer kommen von einem bestimmten Ausgangspunkt, treffen sich unterwegs und radeln dann zu einem festen Ziel!

Besonders schwierig wird für dich die Ausgestaltung der Reparatur sein! Hier ein Beispiel, wie man sie treffend beschreiben kann:

... "Wir bauen uns ein Tandem, aber dann müssen wir uns natürlich für eine gemeinsame Fahrtrichtung entscheiden!", schlug Herr A vor. Auch Herr B fand diese Idee vorzüglich, und sie begannen aus zwei beschädigten Fahrrädern ein fahrtüchtiges zu basteln. Eilig holte Herr A das nötige Werkzeug aus seiner Satteltasche und befahl dem weniger geschickten Herrn B: "Reichen Sie mir bitte zuerst den Schraubenzieher, damit ich das verbeulte Hinterrad abmontieren kann!" Gesagt! Getan! Mühelos wurde das Rad an den Drahtesel von Herrn A angebracht. Schnell waren alle Schrauben nachgezogen. Das Gefährt wurde auf seine Fahrsicherheit überprüft. "Das hält! Unsere Fahrt kann bald weitergehen!", stellte der geübte Mechaniker fest. Das Lenkrad gerade zu biegen und den zweiten Sattel anzubringen, war nur noch ein Kinderspiel. Gemeinsam schwangen sich die Herren, nachdem alles Werkzeug wieder ordnungsgemäß an seinem Platz verstaut worden war, auf das Tandem und traten fest in die Pedale. Ohne weitere Unterbrechungen kamen sie in ... an.

Deine Namen für die beiden Hauptpersonen:

___

Ausgangspunkt:

___

Treffpunkt/Unfallstelle:

___

Neues, gemeinsames Ziel:

___

Deutsch Schr. Sprachgebrauch	Name:	Klasse:	Datum:	Nr.:

Wir schreiben eine Bildergeschichte

Meine Überschrift:

Ein dreirädriges Fahrrad

Du sollst die Bildergeschichte in eine Erzählung umformen. Auf dem Bild sind nur der Anfang und der Schluss zu sehen. Du darfst nun deine Phantasie spielen lassen und erfinden, was sich dazwischen alles ereignet hat!

Gib den beiden Hauptpersonen lustige Namen, dann wird die Sache erst richtig lebendig!

Die Radfahrer kommen von einem bestimmten Ausgangspunkt, treffen sich unterwegs und radeln dann zu einem festen Ziel!

Besonders schwierig wird für dich die Ausgestaltung der Reparatur sein! Hier ein Beispiel, wie man sie treffend beschreiben kann:

... "Wir bauen uns ein Tandem, aber dann müssen wir uns natürlich für eine gemeinsame Fahrtrichtung entscheiden!", schlug Herr A vor. Auch Herr B fand diese Idee vorzüglich, und sie begannen aus zwei beschädigten Fahrrädern ein fahrtüchtiges zu basteln. Eilig holte Herr A das nötige Werkzeug aus seiner Satteltasche und befahl dem weniger geschickten Herrn B: "Reichen Sie mir bitte zuerst den Schraubenzieher, damit ich das verbeulte Hinterrad abmontieren kann!" Gesagt! Getan! Mühelos wurde das Rad an den Drahtesel von Herrn A angebracht. Schnell waren alle Schrauben nachgezogen. Das Gefährt wurde auf seine Fahrsicherheit überprüft. "Das hält! Unsere Fahrt kann bald weitergehen!", stellte der geübte Mechaniker fest. Das Lenkrad gerade zu biegen und den zweiten Sattel anzubringen, war nur noch ein Kinderspiel. Gemeinsam schwangen sich die Herren, nachdem alles Werkzeug wieder ordnungsgemäß an seinem Platz verstaut worden war, auf das Tandem und traten fest in die Pedale. Ohne weitere Unterbrechungen kamen sie in ... an.

Deine Namen für die beiden Hauptpersonen:

Herr Kahlkopf - Herr Moosbart

Ausgangspunkt:

Von Wörnitzstein unterwegs nach Schäfstall (M); von Zirgesheim nach Tapfheim (K)

Treffpunkt/Unfallstelle:

Zirgesheimer Straße, kurz nach der Unterführung

Neues, gemeinsames Ziel:

Gastwirtschaft Mayer in Zirgesheim

Deutsch Schr. Sprachgebrauch	Name:	Klasse:	Datum:	Nr.:

Bildergeschichte: "Beim Friseur"

O.E. Plauen

So wird dein Aufsatz lebendig!

❶ ***Finde abwechslungsreiche Satzanfänge:***

____

____

❷ ***Vermeide Allerweltswörter:***

- **sagen:** ____

  ____

- **machen/tun:** ____

  ____

- **gehen:** ____

  ____

❸ ***Verwende die wörtliche Rede! Denke an die Satzzeichen!***

Der Vater meinte: "______________________________."

❹ ***Was ist die Pointe dieser Bildergeschichte?***

____

____

____

Deutsch Schr. Sprachgebrauch	Name:	Klasse:	Datum:	Nr.:

Bildergeschichte: "Beim Friseur"

O.E. Plauen

So wird dein Aufsatz lebendig!

❶ ***Finde abwechslungsreiche Satzanfänge:***

Eines Tages - Etwas später - Auf einmal - Unbemerkt - Plötzlich - Voller Entsetzen - Gut gelaunt - Unvermittelt - Nachdem - Obwohl - Trotzdem ...

❷ ***Vermeide Allerweltswörter:***

- **sagen:** meinen, fragen, antworten, erwidern, brüllen, rufen, schreien, flüstern, tuscheln, wispern, lachen, lächeln, sich äußern, entgegnen, stottern, ...
- **machen/tun:** erledigen, anfertigen, ausüben, betreiben, vollziehen, vollbringen, abschließen, ablegen, absolvieren, ...
- **gehen:** laufen, rennen, hasten, eilen, spurten, rasen, humpeln, hoppeln, schleichen, stolpern, tasten, hinken, ...

❸ ***Verwende die wörtliche Rede! Denke an die Satzzeichen!***

Der Vater meinte: "______________________________."

❹ ***Was ist die Pointe dieser Bildergeschichte?***

Der Vater will seinem Sohn die Angst vor dem Friseur nehmen, indem er Grimassen schneidet und Faxen macht. Dabei wird nicht nur der Sohn, sondern auch der Friseur so abgelenkt, dass dieser dem Sohn einen Haarschnitt verpasst, der dem des Vaters sehr ähnlich ist.

Deutsch Schr. Sprachgebrauch	Name:	Klasse:	Datum:	Nr.:

Die Bildergeschichte

Worauf du achten solltest:

① Gib der Bildergeschichte eine lustige Überschrift!

② Denke an die Dreiteilung!

③ Beachte die Zeitstufe, in der du erzählst!

④ Gib den Personen Namen!

⑤ Denke dir ein interessantes Gespräch zwischen beiden aus!

⑥ Schmücke die Geschichte durch eigene Ideen aus, die zu den Bildern passen!

Merkmale der Bildergeschichte:

❶ Beachte die richtige ______________________________!

❷ Verwende die ______________________________!

❸ Achte auf ______________________________ in den Bildern!

❹ Denke an passende ______________________________ von Bild zu Bild!

❺ Gliedere in ______________________________!

❻ Als Zeitstufe verwende die ______________________________!

❼ Gestalte den ______________________________ besonders spannend!

❽ Achte auch auf die ______________________________!

❾ Verwende ______________________________ Ausdrücke!

Deutsch Schr. Sprachgebrauch	Name:	Klasse:	Datum:	Nr.:

Die Bildergeschichte

Worauf du achten solltest:

① Gib der Bildergeschichte eine lustige Überschrift!

② Denke an die Dreiteilung!

③ Beachte die Zeitstufe, in der du erzählst!

④ Gib den Personen Namen!

⑤ Denke dir ein interessantes Gespräch zwischen beiden aus!

⑥ Schmücke die Geschichte durch eigene Ideen aus, die zu den Bildern passen!

Merkmale der Bildergeschichte:

❶ Beachte die richtige ***Reihenfolge***!

❷ Verwende die ***wörtliche Rede***!

❸ Achte auf ***Einzelheiten*** in den Bildern!

❹ Denke an passende ***Überleitungen*** von Bild zu Bild!

❺ Gliedere in ***Einleitung, Hauptteil und Schluss***!

❻ Als Zeitstufe verwende die ***1. Vergangenheit (Imperfekt)***!

❼ Gestalte den ***Höhepunkt der Geschichte*** besonders spannend!

❽ Achte auch auf die ***Pointe***!

❾ Verwende ***treffende*** Ausdrücke!

Deutsch Schr. Sprachgebrauch	Name:	Klasse:	Datum:	Nr.:

Verändern vorgegebener Texte

Das "reklamierte Märchen": Frau Holle und die Weißmacher

Es war einmal ein Mädchen, das wusch so weiß, weißer ging's nicht. Und es hatte immer ein gutes Gewissen, denn seine Wäsche war weich und weiß zugleich. Seiner Schwester gelang es dagegen nie, den Grauschleier fortzureißen und das Weiß hineinzuzwingen, der Gilb blieb einfach darin, weil sie schon aus Faulheit nie den Dietmar Schönherr zu Hilfe holte.

Die Mutter war darüber sehr traurig, denn sie liebte die faule Tochter viel mehr als die andere. Darum schickte sie die Fleißige eines Tages, als sie ihre Spindel verloren hatte, in den Brunnen bei Überkingen. Das Mädchen dachte: "Ich gehe meilenweit für eine Spindel", und verlor sich in dem Duft der großen weiten Welt.

Zuerst kam sie an einer großen Wiese vorbei, auf der stand zwischen lauter glücklichen Kühen ein Apfelbaum mit wunderschönen Äpfeln aus Holland, Handelsklasse A. Die riefen ihr zu: "Schüttel uns, denn wir sind reif für die EG. Wir, die kalorienarmen Schlankmacher mit viel Vitamin C!" Das fleißige Mädchen schüttelte den Apfelbaum und biss in den letzten Apfel herzhaft hinein. Sie kannte nämlich kein Zahnfleischbluten - kein Zahnarzt hatte je bei ihr gebohrt.

Im Weitergehen dachte sie bei sich, nie war er so wertvoll wie heute. So wurde ihr heiß, als sie unversehens an einem Backofen kam. Darin buken die schönsten Holzofen- und Sonnenblumenbrote, aus Nelkenmehl, reinem Quellwasser und echtem Sauerteig gefertigt. Und die Brotlaibe riefen ihr zu: "Hol uns heraus, sonst verbrennen wir!" Nicht faul, holte die Fleißige alle Brote aus dem Ofen, und alles ohne Schwitzfleck und Achselnässen; ihr Deodorant hatte sie nicht im Stich gelassen.

Fröhlich lief sie über die Wiese weiter und sang vor sich hin das Lied von den vielen, vielen bunten Smarties, da kam plötzlich der weiße Wirbelwind, hob sie auf und machte mit ihr den Flug bis in den siebten Kartoffelhimmel. Dort traf sie Frau Holle. Diese hatte allen Wohnkomfort in ihrer vollklimatisierten Anbauküche, doch am Boden waren hässliche Putzstreifen. Die Fleißige fing gleich an zu arbeiten, und in kurzer Zeit spiegelte alles wieder wie neu. Als sie dann die Betten aufschüttelte, fiel schäfchenweicher, flockenlockerer Kartoffelschnee hinunter auf die Erde.

Wie jedoch die Faule zu Frau Holle kam, dachte sie nichts anderes als: erst mal entspannen, sei es mit Picon oder Pril. Leider war ihre Wäsche stets nur sauber, nie rein, weil sie eben keinen echten Reinweicher bis 60 Grad nahm. Obwohl Frau Holle oft genug sagte: "Dash muss ein Stück vom Himmel sein!" Als die Faule die Betten schüttelte, waren die Flocken ruppig und kratzig hart. Frau Holle wusste gleich, warum. Es fehlte immer ein Weißmacher, es war das falsche Waschpulver mit dem gebremsten Schaum. Daraufhin warf Frau Holle die Faule hinaus.

Die Fleißige aber führte der gute Stern auf allen Straßen zu einem Tor, und als sie gerade darunter stand, regnete es lauter Gold auf sie, denn oben saß das Huhn, das goldene Eier legt. So lebte sie fortan reich, aber glücklich.

Aber als die Faule unter dem Tor stand, regnete es allen Umweltschmutz und Müllschlamm auf sie herunter, dass ihr nicht einmal mehr ihr Intimspray half. Sie schämte sich so, dass sie fortlief. Und wenn der Firma keine andere Werbung eingefallen ist, läuft sie heute noch.

(Inka Stangl-Wallgrün, SZ vom 19./20.2.1972)

Arbeitsaufträge:

❶ ***Unterstreiche im Text alle Passagen, die du mit Werbung in Verbindung bringen kannst!***

❷ ***Im Text erscheinen zwei Typen von Menschen:***

☺ ***der/die Fleißige:***

____

____

☹ ***der/die Faule:***

____

____

❸ ***Schreibe ein anderes Märchen in ähnlicher Art und Weise!***

Deutsch Schr. Sprachgebrauch	Name:	Klasse:	Datum:	Nr.:

Verändern vorgegebener Texte

Das "reklamierte Märchen": Frau Holle und die Weißmacher

Es war einmal ein Mädchen, das wusch so weiß, weißer ging's nicht. Und es hatte immer ein gutes Gewissen, denn seine Wäsche war weich und weiß zugleich. Seiner Schwester gelang es dagegen nie, den Grauschleier fortzureißen und das Weiß hineinzuzwingen, der Gilb blieb einfach darin, weil sie schon aus Faulheit nie den Dietmar Schönherr zu Hilfe holte.

Die Mutter war darüber sehr traurig, denn sie liebte die faule Tochter viel mehr als die andere. Darum schickte sie die Fleißige eines Tages, als sie ihre Spindel verloren hatte, in den Brunnen bei Überkingen. Das Mädchen dachte: "Ich gehe meilenweit für eine Spindel", und verlor sich in dem Duft der großen weiten Welt.

Zuerst kam sie an einer großen Wiese vorbei, auf der stand zwischen lauter glücklichen Kühen ein Apfelbaum mit wunderschönen Äpfeln aus Holland, Handelsklasse A. Die riefen ihr zu: "Schüttel uns, denn wir sind reif für die EG. Wir, die kalorienarmen Schlankmacher mit viel Vitamin C!" Das fleißige Mädchen schüttelte den Apfelbaum und biss in den letzten Apfel herzhaft hinein. Sie kannte nämlich kein Zahnfleischbluten - kein Zahnarzt hatte je bei ihr gebohrt.

Im Weitergehen dachte sie bei sich, nie war er so wertvoll wie heute. So wurde ihr heiß, als sie unversehens an einem Backofen kam. Darin buken die schönsten Holzofen- und Sonnenblumenbrote, aus Nelkenmehl, reinem Quellwasser und echtem Sauerteig gefertigt. Und die Brotlaibe riefen ihr zu: "Hol uns heraus, sonst verbrennen wir!" Nicht faul, holte die Fleißige alle Brote aus dem Ofen, und alles ohne Schwitzfleck und Achselnässen; ihr Deodorant hatte sie nicht im Stich gelassen.

Fröhlich lief sie über die Wiese weiter und sang vor sich hin das Lied von den vielen, vielen bunten Smarties, da kam plötzlich der weiße Wirbelwind, hob sie auf und machte mit ihr den Flug bis in den siebten Kartoffelhimmel. Dort traf sie Frau Holle. Diese hatte allen Wohnkomfort in ihrer vollklimatisierten Anbauküche, doch am Boden waren hässliche Putzstreifen. Die Fleißige fing gleich an zu arbeiten, und in kurzer Zeit spiegelte alles wieder wie neu. Als sie dann die Betten aufschüttelte, fiel schäfchenweicher, flockenlockerer Kartoffelschnee hinunter auf die Erde.

Wie jedoch die Faule zu Frau Holle kam, dachte sie nichts anderes als: erst mal entspannen, sei es mit Picon oder Pril. Leider war ihre Wäsche stets nur sauber, nie rein, weil sie eben keinen echten Reinweicher bis 60 Grad nahm. Obwohl Frau Holle oft genug sagte: "Dash muss ein Stück vom Himmel sein!" Als die Faule die Betten schüttelte, waren die Flocken ruppig und kratzig hart. Frau Holle wusste gleich, warum. Es fehlte immer ein Weißmacher, es war das falsche Waschpulver mit dem gebremsten Schaum. Daraufhin warf Frau Holle die Faule hinaus.

Die Fleißige aber führte der gute Stern auf allen Straßen zu einem Tor, und als sie gerade darunter stand, regnete es lauter Gold auf sie, denn oben saß das Huhn, das goldene Eier legt. So lebte sie fortan reich, aber glücklich.

Aber als die Faule unter dem Tor stand, regnete es allen Umweltschmutz und Müllschlamm auf sie herunter, dass ihr nicht einmal mehr ihr Intimspray half. Sie schämte sich so, dass sie fortlief. Und wenn der Firma keine andere Werbung eingefallen ist, läuft sie heute noch.

(Inka Stangl-Wallgrün, SZ vom 19./20.2.1972)

Arbeitsaufträge:

❶ ***Unterstreiche im Text alle Passagen, die du mit Werbung in Verbindung bringen kannst!***

❷ ***Im Text erscheinen zwei Typen von Menschen:***

☺ ***der/die Fleißige:***

Er befolgt die Ratschläge der Werbung und wird mit Schönheit, Sauberkeit und Reichtum belohnt ➔ Leichtgläubigkeit; angepasstes, erwünschtes Verhalten

☹ ***der/die Faule:***

Er kümmert sich wenig um den Rat der Werbung, deshalb sind Arbeit und Lohn schlecht

Verzicht bzw. Ignoranz der von der Werbung gepriesenen Mittel

❸ ***Schreibe ein anderes Märchen in ähnlicher Art und Weise!***

Deutsch Schr. Sprachgebrauch	Name:	Klasse:	Datum:	Nr.:

Martin beschwert sich

Der Azubi Martin hat mit dem Bauherrn Mayer, der von seinen Baukenntnissen überzeugt ist, eine Auseinandersetzung. Die Bilderreihe zeigt vier Möglichkeiten, wie diese Meinungsverschiedenheiten ausgetragen werden könnten.

Schulfunk 3/1982

Martin berichtet seinem Vater von diesem Vorfall:

"... hat er mich angemotzt, dass ich nicht so frech sein soll, und nach meinem Namen gefragt. Und Mist hätte ich gebaut. Wuuh, das ist vielleicht ein Typ! Das hat mich ganz schön geärgert, klar, das hätte dir auch gestunken. Dann hat er behauptet, dass die Brüstungsmauer an der falschen Seite aufgezogen ist und ein Stück zurückgesetzt werden muss. Da hab' ich ihm den Plan gezeigt, aber er hat gar nicht hingesehen. Wenn du mich fragst: der Mann hat doch eine Meise. Und dann behauptet er noch, ich hätt' die Mauer schief aufgezogen ... schief!!! Wo doch das meine Spezialität ist ..."

Arbeitsaufträge:

❶ ***Streiche durch, was in diesem Bericht gegen die Forderung der Sachlichkeit und Objektivität verstößt!***

❷ ***Versetze dich in Martins Position und schreibe eine kurze Beschwerde an deinen Meister, Herrn Groß.***

Deutsch Schr. Sprachgebrauch	Name:	Klasse:	Datum:	Nr.:

Martin beschwert sich

Der Azubi Martin hat mit dem Bauherrn Mayer, der von seinen Baukenntnissen überzeugt ist, eine Auseinandersetzung. Die Bilderreihe zeigt vier Möglichkeiten, wie diese Meinungsverschiedenheiten ausgetragen werden könnten.

Schulfunk 3/1982

Martin berichtet seinem Vater von diesem Vorfall:

"... ~~hat er mich angemotzt, dass ich nicht so frech sein soll~~, und nach meinem Namen gefragt. Und ~~Mist~~ hätte ich gebaut. ~~Wuuh, das ist vielleicht ein Typ! Das hat mich ganz schön geärgert, klar, das hätte dir auch gestunken~~. Dann hat er behauptet, dass die Brüstungsmauer an der falschen Seite aufgezogen ist und ein Stück zurückgesetzt werden muß. Da hab' ich ihm den Plan gezeigt, aber er hat gar nicht hingesehen. ~~Wenn du mich fragst: der Mann hat doch eine Meise~~. Und dann behauptet er noch, ich hätt' die Mauer schief aufgezogen ... schief!!! ~~Wo doch das meine Spezialität ist ...~~"

Arbeitsaufträge:

❶ ***Streiche durch, was in diesem Bericht gegen die Forderung der Sachlichkeit und Objektivität verstößt!***

❷ ***Versetze dich in Martins Position und schreibe eine kurze Beschwerde an deinen Meister, Herrn Groß.***

Lieber Herr Groß,

gestern Nachmittag kam Herr Mayer, unser Bauherr, auf die Baustelle und brüllte mich an, ich hätte Pfusch gemacht. Er behauptete, die Brüstungsmauer sei an der falschen Seite aufgezogen worden und müsse ein Stück zurückgesetzt werden. Als ich ihm den Plan zeigen wollte, schaute er gar nicht hin, sondern beschuldigte mich außerdem noch, die Mauer schief aufgezogen zu haben. Ich schluckte meinen Ärger hinunter und legte seelenruhig die Wasserwaage an, um zu beweisen, dass er im Unrecht sei. Wütend drehte sich Herr Mayer daraufhin um und verließ die Baustelle. Muss ich mir denn so etwas gefallen lassen, wenn ich weiß, dass ich im Recht bin und sauber gearbeitet habe?

Martin Müller

Deutsch Schr. Sprachgebrauch	Name:	Klasse:	Datum:	Nr.:

Merkmale des Berichts

In Berichten werden Vorgänge dargestellt. Sie dienen der **sachlichen Information**. Darstellende, informative Texte sind so gekennzeichnet:

- Vorgänge werden ***objektiv, sachlich, nüchtern*** wiedergegeben. Es handelt sich um Geschehnisse, die sich im Allgemeinen in gleicher Weise nicht wiederholen. Persönlich-subjektive Meinungen, Vorstellungen, Einstellungen oder Eindrücke sind nicht Gegenstand eines Berichts.
- Über das Geschehene wird genau berichtet. ***Exakte Orts-, Zeit- und Personenangaben*** sind feste Bestandteile eines Berichts.
- Der Bericht soll ***knapp*** gefasst werden. Sein Umfang hängt vom Sachverhalt, der Situation, vom Adressat und vom Zweck ab.

Die sogenannten W-Fragen:

❶ ______________________________

❷ ______________________________

❸ ______________________________

❹ ______________________________

❺ ______________________________

❻ ______________________________

Sprachliche Kennzeichen des Berichts:

❶ ______________________________

❷ ______________________________

❸ ______________________________

❹ ______________________________

❺ ______________________________

Unterstreiche in beiden Artikeln unten die Passagen, die sich auf die W-Fragen beziehen! Arbeite mit verschiedenen Farben!

Eichstätt: Tanklastzug kracht in Hochhaus

Eichstätt (lb). Nur knapp sind am Dienstag die Bewohner eines Hochhauses in Eichstätt einer Katastrophe entgangen: Ein mit 33.000 Litern Benzin beladener Lastzug krachte gegen das Gebäude und riss regelrecht ein Eck weg. Der Tank blieb jedoch dicht, das Fahrzeug fing kein Feuer. Auch bestehe keine Einsturzgefahr an dem Haus mit 20 Wohnungen. Nur zum Umpumpen des Benzins in einen anderen Tanker mussten die Bewohner das Haus verlassen, teilte die Polizei weiter mit. Erst vor zwei Wochen war in Merkendorf (Kreis Ansbach) ein Tanklaster in eine Gaststätte gerast.

Bahnarbeiter von Güterzug getötet

Deggendorf (ap). Ein 43-jähriger Signaltechniker ist am Montag Abend im Bahnhof der niederbayerischen Gemeinde Plattling von einem einfahrenden Güterzug überrollt und getötet worden. Wie die Polizeiinspektion Deggendorf am Dienstag mitteilte, war die Strecke freigegeben worden, obwohl noch zwei Signaltechniker auf den Gleisen arbeiteten. Einer der Männer konnte sich im letzten Moment mit einem Sprung zur Seite retten. Sein Kollege wurde von dem Zug voll erfasst und lebensgefährlich verletzt. Er starb zwei Stunden später im Krankenhaus Deggendorf. Die Polizei nahm am Dienstag die Ermittlungen zur Unglücksursache auf.

Deutsch Schr. Sprachgebrauch	Name:	Klasse:	Datum:	Nr.:

Merkmale des Berichts

In Berichten werden Vorgänge dargestellt. Sie dienen der **sachlichen Information**. Darstellende, informative Texte sind so gekennzeichnet:

- Vorgänge werden ***objektiv, sachlich, nüchtern*** wiedergegeben. Es handelt sich um Geschehnisse, die sich im Allgemeinen in gleicher Weise nicht wiederholen. Persönlich-subjektive Meinungen, Vorstellungen, Einstellungen oder Eindrücke sind nicht Gegenstand eines Berichts.
- Über das Geschehene wird genau berichtet. ***Exakte Orts-, Zeit- und Personenangaben*** sind feste Bestandteile eines Berichts.
- Der Bericht soll ***knapp*** gefasst werden. Sein Umfang hängt vom Sachverhalt, der Situation, vom Adressat und vom Zweck ab.

Die sogenannten W-Fragen:

❶ Wann hat sich der Unfall zugetragen?

❷ Wo hat er sich ereignet?

❸ Wer war an dem Geschehen (aktiv/passiv) beteiligt?

❹ Wie kam es zu dem Unfall (Unfallursachen)?

❺ Was ist - überhaupt und im Einzelnen - geschehen?

❻ Wer hat Schuld am Unfall?

Sprachliche Kennzeichen des Berichts:

❶ Schreibe keine zu langen Sätze!

❷ Verwende wenig Hauptwörter (Substantive), dafür mehr Zeitwörter (Verben)!

❸ Schreibe in der 1. Vergangenheit (Imperfekt)!

❹ Verwende die Tatform (das Aktiv)!

❺ Du kannst den Bericht "ich-betont" oder "sachbetont" (3. Person) abfassen.

Unterstreiche in beiden Artikeln unten die Passagen, die sich auf die W-Fragen beziehen! Arbeite mit verschiedenen Farben!

Eichstätt: Tanklastzug kracht in Hochhaus

Eichstätt (lb). Nur knapp sind am Dienstag die Bewohner eines Hochhauses in Eichstätt einer Katastrophe entgangen: Ein mit 33.000 Litern Benzin beladener Lastzug krachte gegen das Gebäude und riss regelrecht ein Eck weg. Der Tank blieb jedoch dicht, das Fahrzeug fing kein Feuer. Auch bestehe keine Einsturzgefahr an dem Haus mit 20 Wohnungen. Nur zum Umpumpen des Benzins in einen anderen Tanker mussten die Bewohner das Haus verlassen, teilte die Polizei weiter mit. Erst vor zwei Wochen war in Merkendorf (Kreis Ansbach) ein Tanklaster in eine Gaststätte gerast.

Bahnarbeiter von Güterzug getötet

Deggendorf (ap). Ein 43-jähriger Signaltechniker ist am Montag Abend im Bahnhof der niederbayerischen Gemeinde Plattling von einem einfahrenden Güterzug überrollt und getötet worden. Wie die Polizeiinspektion Deggendorf am Dienstag mitteilte, war die Strecke freigegeben worden, obwohl noch zwei Signaltechniker auf den Gleisen arbeiteten. Einer der Männer konnte sich im letzten Moment mit einem Sprung zur Seite retten. Sein Kollege wurde von dem Zug voll erfasst und lebensgefährlich verletzt. Er starb zwei Stunden später im Krankenhaus Deggendorf. Die Polizei nahm am Dienstag die Ermittlungen zur Unglücksursache auf.

Deutsch Schr. Sprachgebrauch	Name:	Klasse:	Datum:	Nr.:

Wir bauen Textteile aus (Bericht)

Fußgängerin von PKW erfasst

(sey) Donauwörth. Eine 43-jährige Frau wurde am gestrigen Donnerstag gegen 14.30 Uhr in der Reichsstraße in Donauwörth von einem PKW erfasst und zu Boden gerissen. Die Frau, die am Zebrastreifen stand, überquerte vorschriftsmäßig die Straße ...
... Die Frau musste mit Kopfverletzungen ins nahe gelegene Kreiskrankenhaus eingeliefert werden. Am Fahrzeug war kein Sachschaden festzustellen. Die Polizei nahm die Ermittlungen auf.

Der Bericht ist nicht vollständig. Du musst eigene Angaben einfügen, wenn du den Hauptteil ausführlich ausarbeitest.

____

____

____

____

Sieben Fragen helfen dir bei jedem Bericht:

❶ ***Wann geschah der Unfall?***

❷ ***Wo geschah der Unfall?***

❸ ***Wer war am Unfall beteiligt?***

❹ ***Wie kam es zu dem Unfall?***

❺ ***Wer hat Schuld am Unfall?***

❻ ***Welche Gründe kann man aufführen?***

❼ ***Wer erlitt Schaden und in welchem Ausmaß?***

Deutsch Schr. Sprachgebrauch	Name:	Klasse:	Datum:	Nr.:

Wir bauen Textteile aus (Bericht)

Fußgängerin von PKW erfasst

(sey) Donauwörth. Eine 43-jährige Frau wurde am gestrigen Donnerstag gegen 14.30 Uhr in der Reichsstraße in Donauwörth von einem PKW erfasst und zu Boden gerissen. Die Frau, die am Zebrastreifen stand, überquerte vorschriftsmäßig die Straße ...
... Die Frau musste mit Kopfverletzungen ins nahe gelegene Kreiskrankenhaus eingeliefert werden. Am Fahrzeug war kein Sachschaden festzustellen. Die Polizei nahm die Ermittlungen auf.

Der Bericht ist nicht vollständig. Du musst eigene Angaben einfügen, wenn du den Hauptteil ausführlich ausarbeitest.

Dabei wurde sie von einem Ford angefahren, der einen vor dem Zebrastreifen haltenden Golf Cabrio überholt hatte. Der 52-jährige Lenker gab an, die Frau zu spät gesehen zu haben. So hätte er nicht mehr rechtzeitig bremsen können.

Sieben Fragen helfen dir bei jedem Bericht:

❶ ***Wann geschah der Unfall?***

❷ ***Wo geschah der Unfall?***

❸ ***Wer war am Unfall beteiligt?***

❹ ***Wie kam es zu dem Unfall?***

❺ ***Wer hat Schuld am Unfall?***

❻ ***Welche Gründe kann man aufführen?***

❼ ***Wer erlitt Schaden und in welchem Ausmaß?***

Deutsch Schr. Sprachgebrauch	Name:	Klasse:	Datum:	Nr.:

Wir bauen Textteile aus (Bericht)

Zutritt verboten!

Aus dem Notizblock eines Reporters:

Gefährliches Spiel - drei vierzehnjährige Jungen - Sandgrube - Zutritt verboten - überhängende Sandschicht - unter dem Überhang Höhle graben - Franz N. arbeitet mit dem Spaten - zwei Jungen tragen Sand beiseite - Überhang stürzt plötzlich ein - Franz N. verschüttet - Hans P. beginnt sofort zu graben - Bernd S. rennt zum Betriebsbüro - trotz Feierabend Betriebsleiter noch da - Anruf bei Polizei und Feuerwehr - Rettung durch rasches Ausgraben - Wiederbelebungsversuche mit Sauerstoffgerät erfolgreich - Krankenhausaufenthalt notwendig

Arbeitsauftrag:
Schreibe einen Bericht für die Zeitung! Denke dabei an die Merkmale des Berichts! Formuliere auch eine geeignete Überschrift!

Deutsch Schr. Sprachgebrauch	Name:	Klasse:	Datum:	Nr.:

Wir bauen Textteile aus (Bericht)

Zutritt verboten!

Aus dem Notizblock eines Reporters:

Gefährliches Spiel - drei vierzehnjährige Jungen - Sandgrube - Zutritt verboten - überhängende Sandschicht - unter dem Überhang Höhle graben - Franz N. arbeitet mit dem Spaten - zwei Jungen tragen Sand beiseite - Überhang stürzt plötzlich ein - Franz N. verschüttet - Hans P. beginnt sofort zu graben - Bernd S. rennt zum Betriebsbüro - trotz Feierabend Betriebsleiter noch da - Anruf bei Polizei und Feuerwehr - Rettung durch rasches Ausgraben - Wiederbelebungsversuche mit Sauerstoffgerät erfolgreich - Krankenhausaufenthalt notwendig

Arbeitsauftrag:
Schreibe einen Bericht für die Zeitung! Denke dabei an die Merkmale des Berichts! Formuliere auch eine geeignete Überschrift!

Gefährliches Spiel in der Sandgrube - Junge verschüttet

Donauwörth. (sey) Ein Unglück, das gerade noch glimpflich ablief, ereignete sich gestern Nachmittag in Riedlingen nahe Donauwörth.

Drei vierzehnjährige Jungen aus Riedlingen spielten den ganzen Tag über am Rande einer in der Nähe liegenden Sandgrube der Firma Wenninger. Nach Arbeitsschluss betraten sie die Baustelle, obwohl ein Schild mit der Aufschrift "Betreten verboten" angebracht war. Eine überhängende Sandschicht diente den drei Jungen als Höhle, die sie noch weiter ausbauen wollten. Franz N. arbeitete mit einem zurückgelassenen Spaten, während die beiden anderen den Sand beiseite schafften. Dabei stürzte der Überhang ein. Franz N. wurde unter den Sandmassen begraben. Hans P. begann sofort nach dem Verunglückten zu graben, während Bernd S. zum Betriebsbüro rannte, wo der Leiter trotz Feierabend noch anwesend war. Dieser alarmierte sogleich Polizei und Feuerwehr. Die Rettung für Franz N. kam noch rechtzeitig. Der mit am Unglücksort weilende Arzt unternahm Wiederbelebungsversuche mit Hilfe des Sauerstoffgerätes. Franz N. wurde anschließend ins Donauwörther Kreiskrankenhaus eingeliefert.

Man kann nur hoffen, dass dies den Jungen in Zukunft eine Lehre sein wird.

Deutsch Schr. Sprachgebrauch	Name:	Klasse:	Datum:	Nr.:

Tierquälerei: Bericht für die Schülerzeitung

Die Redaktion der Schülerzeitung greift einen Fall von Tierquälerei auf, über den in der "Donauwörther Zeitung" schon berichtet wurde.

Stichwörtersammlung:

Schwanenpaar - auf dem Baggersee zum ersten Mal - Bewohner von Donauwörth freuen sich - füttern - besorgen Bretter für einen Nistplatz - Jungschwan - wird von Kindern mit Steinen beworfen - ein Flügel lahm - stirbt - Bevölkerung empört - nach drei Wochen Schwanenmutter mit Eisenstab durchbohrt aufgefunden - Täter nicht zu ermitteln - im Tierheim wird Stab entfernt - Tier ist gelähmt - frisst nicht - Spenden - Tier kann nicht gerettet werden - wird eingeschläfert - Schulkinder als Täter ermittelt - Eltern müssen die Kosten tragen

Hier der Bericht eines Schülers aus der 7. Jahrgangsstufe:

Zum ersten Mal befand sich ein Schwanenpaar auf dem Baggersee. Von allen Bewohnern wurden die Tiere gefüttert. Einige Bewohner bauten einen Nistplatz aus Brettern. Tagsdarauf wird der Jungschwan von Kindern mit Steinen beworfen. Wobei der Flügel so schwer getroffen wird, dass der Flügel erlahmt. Nach einigen Tagen stirbt das Tier. Die Bevölkerung versucht den Täter zu entlarven, aber ohne Erfolg. Aber schon drei Wochen später wird die Schwanenmutter von einem Eisenstab durchbohrt, aufgefunden. Im Tierheim wurde der meterlange Stab entfernt, doch das Tier war schon gelähmt, es nimmt keine Nahrung zu sich. Obwohl Spenden eintreffen kann das Tier nicht gerettet werden. Es muss beim Tierarzt eingeschläfert werden. Dann konnte man jedoch die Täter entlarven, es waren ein paar Schulkinder. Die Eltern der Jugentlichen müssen die Kosten tragen.

Quält keine Tiere, denn ohne Tiere können wir nicht leben. Um Anzugeben muss man keine Tiere ohne Grund töten.

Arbeitsauftrag:
Verbessere den Aufsatz von oben! Achte dabei nicht nur auf die richtige Zeitstufe, sondern auch auf den sprachlichen Ausdruck und die Rechtschrift! Schreibe den korrigierten Entwurf noch einmal sauber ab!

Deutsch Schr. Sprachgebrauch	Name:	Klasse:	Datum:	Nr.:

Tierquälerei: Bericht für die Schülerzeitung

Die Redaktion der Schülerzeitung greift einen Fall von Tierquälerei auf, über den in der "Donauwörther Zeitung" schon berichtet wurde.

Stichwörtersammlung:

Schwanenpaar - auf dem Baggersee zum ersten Mal - Bewohner von Donauwörth freuen sich - füttern - besorgen Bretter für einen Nistplatz - Jungschwan - wird von Kindern mit Steinen beworfen - ein Flügel lahm - stirbt - Bevölkerung empört - nach drei Wochen Schwanenmutter mit Eisenstab durchbohrt aufgefunden - Täter nicht zu ermitteln - im Tierheim wird Stab entfernt - Tier ist gelähmt - frisst nicht - Spenden - Tier kann nicht gerettet werden - wird eingeschläfert - Schulkinder als Täter ermittelt - Eltern müssen die Kosten tragen

Hier der Bericht eines Schülers aus der 7. Jahrgangsstufe:

Zum ersten Mal *seit vielen Jahren* ~~befand sich~~ *nistete wieder einmal* ein Schwanenpaar auf dem *Riedlinger* Baggersee. ~~Von allen~~ *Die* Bewohner~~n~~ *von Donauwörth freuten sich und fütterten* ~~wurden~~ die Tiere ~~gefüttert~~. Einige ~~Bewohner~~ *Naturschützer* bauten *sogar* einen Nistplatz aus Brettern. ~~Tagsdarauf wird~~ *Einige Wochen später wurde* der Jungschwan von Kindern mit Steinen beworfen, *w*obei der Flügel so schwer getroffen ~~wird~~ *wurde*, dass ~~der~~ *ein* Flügel ~~erlahmt~~ *lahm wurde*. Nach einigen Tagen ~~stirbt~~ *starb* das Tier. Die Bevölkerung *war empört. Die Polizei versuchte*, ~~versucht~~ den Täter zu entlarven, aber ohne Erfolg. ~~Aber~~ *Doch* schon drei Wochen später ~~wird~~ *wurde* die Schwanenmutter, von einem Eisenstab durchbohrt, aufgefunden. Im Tierheim wurde der meterlange Stab entfernt, doch das Tier war schon gelähmt~~, es nimmt~~ *und nahm* keine Nahrung *mehr* zu sich. Obwohl Spenden ~~eintreffen~~ *aus der Bevölkerung eintrafen*, ~~kann das Tier~~ *konnte der Schwan* nicht *mehr* gerettet werden. ~~Es muss~~ *Er musste* beim Tierarzt eingeschläfert werden. ~~Dann~~ *Einige Tage später* konnte man jedoch die Täter ~~entlarven,~~ *ermitteln*. ~~es waren ein paar~~ *Es waren vier* Schulkinder *im Alter von 12 bis 14 Jahren*. Die Eltern der Jugen*d*lichen müssen die Kosten tragen.

Deshalb unsere eindringliche Bitte: Quält keine Tiere, denn ohne Tiere können wir nicht leben. Um ~~Anzugeben~~ *anzugeben* muss man keine Tiere ohne Grund töten.

Arbeitsauftrag:
Verbessere den Aufsatz von oben! Achte dabei nicht nur auf die richtige Zeitstufe, sondern auch auf den sprachlichen Ausdruck und die Rechtschrift! Schreibe den korrigierten Entwurf noch einmal sauber ab!

Deutsch Schr. Sprachgebrauch	Name:	Klasse:	Datum:	Nr.:

Tierquälerei: Appell in der Schülerzeitung

Wieder ein Fall von Tierquälerei:

Schulkinder als Täter ermittelt

(sy) Donauwörth. Wie gestern schon kurz berichtet, kamen auf Grund von Tierquälerei zwei Schwäne auf dem nahe gelegenen Baggersee ums Leben. Dabei hatten sich die Anwohner schon mit den Tieren angefreundet, sie versorgt und ihnen sogar mit Brettern einen Nistplatz hergerichtet. Kurz darauf stellte man bei dem Jungschwan einen lahmen Flügel fest. Außerdem verweigerte das Tier jede Nahrung und starb schließlich. Josef Luff, einer der Tiersachverständigen, gab zu verstehen, dass der Schwan mit Steinen beworfen worden sei. Kurze Zeit später wurde die Schwanenmutter tot am Ufer gefunden, von einem meterlangen Eisenstab durchbohrt. Die nun verstärkt einsetzenden Ermittlungen führten erst nach Tagen zum Erfolg. Vier Schulkinder im Alter von zwölf bis vierzehn waren die Täter. Die Eltern der Schuldigen müssen für die gesamten Kosten aufkommen.

Arbeitsauftrag:
Stelle in der Schülerzeitung das Unsinnige dieser Tat heraus und fordere deine Mitschüler zu aktivem Tierschutz auf!

Deutsch Schr. Sprachgebrauch	Name:	Klasse:	Datum:	Nr.:

Tierquälerei: Appell in der Schülerzeitung

Wieder ein Fall von Tierquälerei:

Schulkinder als Täter ermittelt

(sy) Donauwörth. Wie gestern schon kurz berichtet, kamen auf Grund von Tierquälerei zwei Schwäne auf dem nahe gelegenen Baggersee ums Leben. Dabei hatten sich die Anwohner schon mit den Tieren angefreundet, sie versorgt und ihnen sogar mit Brettern einen Nistplatz hergerichtet. Kurz darauf stellte man bei dem Jungschwan einen lahmen Flügel fest. Außerdem verweigerte das Tier jede Nahrung und starb schließlich. Josef Luff, einer der Tiersachverständigen, gab zu verstehen, dass der Schwan mit Steinen beworfen worden sei. Kurze Zeit später wurde die Schwanenmutter tot am Ufer gefunden, von einem meterlangen Eisenstab durchbohrt. Die nun verstärkt einsetzenden Ermittlungen führten erst nach Tagen zum Erfolg. Vier Schulkinder im Alter von zwölf bis vierzehn waren die Täter. Die Eltern der Schuldigen müssen für die gesamten Kosten aufkommen.

Arbeitsauftrag:
Stelle in der Schülerzeitung das Unsinnige dieser Tat heraus und fordere deine Mitschüler zu aktivem Tierschutz auf!

Hallo Leute,

ein unerfreuliches und zugleich beschämendes Ereignis ist Anlass für diesen Appell. Vor einigen Tagen erschien in der Donauwörther Zeitung ein Artikel, der über einen Fall von Tierquälerei berichtet hatte. Dabei wurde ein Schwanenjunges und seine Mutter auf schlimme Art und Weise umgebracht.

Entsetzt musste nun unsere Redaktion feststellen, dass die Schuldigen Angehörige unserer Schule sind. Wir schämen uns, dass solche Leute bei uns sind. Eigentlich ist es müßig, auf die Sinnlosigkeit solch abscheulicher Taten hinzuweisen. Man quält keine Tiere, denn Tiere haben dasselbe Recht zu leben wie wir. Wie primitiv ist die Macht des Stärkeren gegenüber einem Schwächeren, der sich nicht einmal wehren kann. Ihr wollt euch doch nicht zu jener Art Menschen zählen, die so herzlos und sadistisch sind, dass sie Lust daran finden, Tiere zu quälen. So etwas ist in hohem Maße krankhaft. Der Mensch als das einzige vernunftbegabte Wesen sollte dem Tier Partner und Helfer sein, nicht gefühlloser und roher Herrscher. Wir hoffen, dass das Motto "Schützt unsere Tiere" unser aller Motto werden wird, ja werden muss.

Eure Redaktion

Deutsch Schr. Sprachgebrauch	Name:	Klasse:	Datum:	Nr.:

Verkehrsunfall (Bericht)

Ein Gespräch

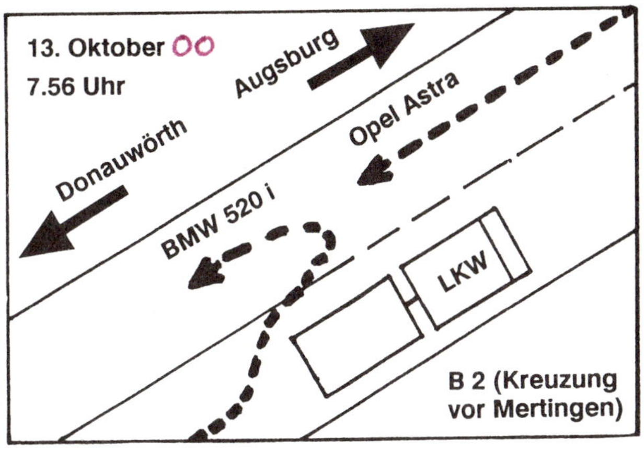

Reporter: Da hat's ja ganz schön gekracht. Wie ist es denn zu diesem Unfall gekommen?
1. Zeuge: Das kommt davon, weil sie immer fahren wie die Verrückten. Wie kann man an dieser Stelle auch noch überholen?
2. Zeuge: Noch dazu, wo hier Überholverbot besteht. - Ich denke, ich sehe nicht recht! Da schert doch der Fahrer mit einem roten BMW 520 i glatt vor mir aus und versucht, den Lastwagen zu überholen.
Reporter: Hat er denn den entgegenkommenden Wagen nicht gesehen?
1. Zeuge: Wahrscheinlich nicht. Erst als er neben dem Lastwagen war, sah er den anderen Wagen. Sofort bremste er stark ab, um wieder hinter den LKW zu kommen.
2. Zeuge: Bei der morgennassen Straße hätte er jedoch keine Vollbremsung machen sollen. Sein Wagen drehte sich um 180 Grad - und ehe er sich versah, war der entgegenkommende grüne Opel Astra mit ziemlicher Geschwindigkeit von hinten aufgefahren.
Reporter: Was passierte den Fahrern? Nach den starken Schäden an den Fahrzeugen zu urteilen, müssen die Insassen schwer verletzt sein.
1. Zeuge: Zum Glück war die erst 20-jährige Fahrerin des Opels angeschnallt und erlitt so nur leichte Quetschungen im Brustbereich.
2. Zeuge: Der 47-jährige BMW-Fahrer war dagegen nicht angeschnallt. Er wurde durch den starken Aufprall nach hinten, dann wieder nach vorne gegen die Windschutzscheibe geschleudert und erlitt wahrscheinlich lebensgefährliche Verletzungen. Ein Glück nur, dass der Rettungswagen sofort nach der Polizei am Unfallort eintraf.

Arbeitsauftrag:
Erstelle anhand der Zeugenaussagen einen Bericht für die Zeitung! Suche auch eine passende Schlagzeile!

Deutsch Schr. Sprachgebrauch	Name:	Klasse:	Datum:	Nr.:

Verkehrsunfall (Bericht)

Ein Gespräch

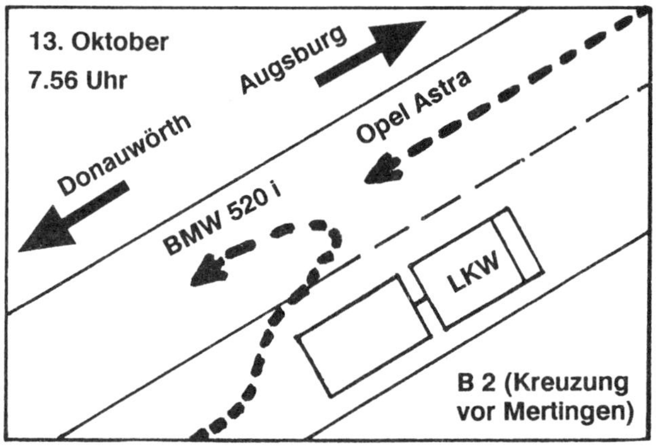

Reporter: Da hat's ja ganz schön gekracht. Wie ist es denn zu diesem Unfall gekommen?
1. Zeuge: Das kommt davon, weil sie immer fahren wie die Verrückten. Wie kann man an dieser Stelle auch noch überholen?
2. Zeuge: Noch dazu, wo hier Überholverbot besteht. - Ich denke, ich sehe nicht recht! Da schert doch der Fahrer mit einem roten BMW 520 i glatt vor mir aus und versucht, den Lastwagen zu überholen.
Reporter: Hat er denn den entgegenkommenden Wagen nicht gesehen?
1. Zeuge: Wahrscheinlich nicht. Erst als er neben dem Lastwagen war, sah er den anderen Wagen. Sofort bremste er stark ab, um wieder hinter den LKW zu kommen.
2. Zeuge: Bei der morgennassen Straße hätte er jedoch keine Vollbremsung machen sollen. Sein Wagen drehte sich um 180 Grad - und ehe er sich versah, war der entgegenkommende grüne Opel Astra mit ziemlicher Geschwindigkeit von hinten aufgefahren.
Reporter: Was passierte den Fahrern? Nach den starken Schäden an den Fahrzeugen zu urteilen, müssen die Insassen schwer verletzt sein.
1. Zeuge: Zum Glück war die erst 20-jährige Fahrerin des Opels angeschnallt und erlitt so nur leichte Quetschungen im Brustbereich.
2. Zeuge: Der 47-jährige BMW-Fahrer war dagegen nicht angeschnallt. Er wurde durch den starken Aufprall nach hinten, dann wieder nach vorne gegen die Windschutzscheibe geschleudert und erlitt wahrscheinlich lebensgefährliche Verletzungen. Ein Glück nur, dass der Rettungswagen sofort nach der Polizei am Unfallort eintraf.

Arbeitsauftrag:
Erstelle anhand der Zeugenaussagen einen Bericht für die Zeitung! Suche auch eine passende Schlagzeile!

Schwerer Verkehrsunfall auf der B 2

Donauwörth. (sey) Wie schon kurz gemeldet, ereignete sich gestern früh gegen 8.00 Uhr auf der Bundesstraße 2 kurz vor der Mertinger Kreuzung ein schwerer Verkehrsunfall. Ein 47-jähriger BMW-Fahrer wollte einen LKW überholen und bemerkte anscheinend den entgegenkommenden Opel Astra zu spät. Bei dem anschließenden Bremsmanöver drehte sich der BMW auf der regennassen Fahrbahn um 180 Grad und wurde von dem anderen Fahrzeug gerammt. Während die 20-jährige Lenkerin des Opels nur leichte Quetschungen im Brustbereich erlitt, musste der nicht angeschnallte BMW-Fahrer mit lebensgefährlichen Verletzungen an Kopf und Nacken per Rettungshubschrauber nach Günzburg ins Krankenhaus geflogen werden. Der Sachschaden an beiden Fahrzeugen beläuft sich nach Schätzungen der Polizei auf etwa 40.000 DM.

Deutsch Schr. Sprachgebrauch	Name:	Klasse:	Datum:	Nr.:

Bericht über den Besuch der KZ-Gedenkstätte in Dachau

Das Museum wurde von Comite International de Dachau mit Unterstützung des Bayerischen Staates eingerichtet.

I. Eingangshalle:

Die schwarze Wandtafel zeigt die wichtigsten Konzentrationslager Mitteleuropas mit ihren größeren Außenlagern. In Dachau waren Angehörige fast aller Nationen inhaftiert. Die verschiedenen Länder werden durch hölzerne Stelen symbolisiert.

Fragen:

❶ ***Schreibe vier große Konzentrationslager heraus und nenne das Land, in denen sie liegen!***
❷ ***Nenne einige Außenlager des KZ Dachau!***

II. Im Vorraum:

Die Dokumentation "Zur Vorgeschichte des Dritten Reiches" befasst sich mit den Voraussetzungen, die zur nationalsozialistischen Gewaltherrschaft führten.

III. Mittelbau - Teil 1:

Der Kernpunkt der Ausstellung beginnt mit Dokumenten zur sogenannten "Machtergreifung" am 30. Januar 1933 und den darauf folgenden Maßnahmen. Die Entstehung des Konzentrationslagers Dachau am 22. März 1933 wird gezeigt, anschließend die Einweisung der Häftlinge und die Häftlingskategorien, das Leben im Lager, die Strafen, Arbeit und Überstellung in andere Konzentrationslager. Fotos und Dokumente über die SS führen zu der Ausstellung: "Dachau - Hohe Schule der SS in den Konzentrationslagern". Einen besonderen Raum nimmt die Judenverfolgung im 3. Reich ein. Krankheit und medizinische Experimente im Häftlingskrankenhaus beschließen den ersten Teil der Ausstellung.

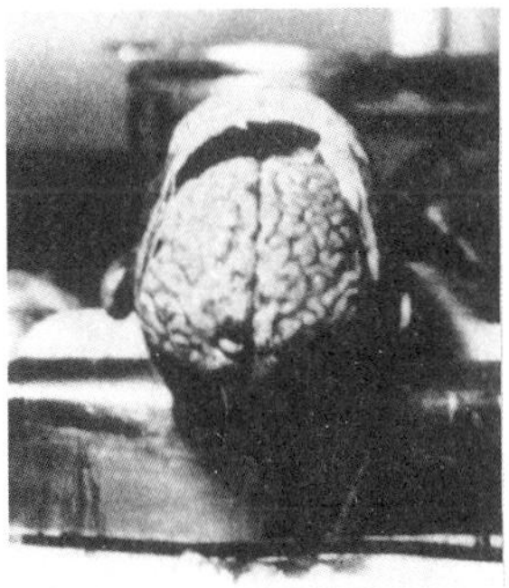

Fragen:

❶ ***Welche Strafen wurden im KZ Dachau verhängt?***
❷ ***Welche Arbeiten wurden den Häftlingen zugemutet?***
❸ ***Wie sah der Tagesablauf eines KZ-Häftlings aus?***
❹ ***Was bekamen die Häftlinge zu essen?***
❺ ***Beschreibe zwei der medizinischen Experimente!***

IV. Mittelbau - Teil 2:

Erschießungen, "Invalidentransporte", die in der Gaskammer von Schloss Hartheim endeten und das Krematorium (Baracke X) stehen am Anfang. Es folgt die Darstellung der von Nazis geplanten und mit der Deportation der Juden Europas in den Vernichtungslager im Osten durchgeführten "Endlösung der Judenfrage". Die Befreiung Dachaus und anderer Lager bilden den Schluss der Ausstellung.

Fragen:

❶ ***Beschreibe ein Bild, das die Befreiung der KZ-Häftlinge zeigt!***
❷ ***Schreibe die Mahnung von Santayana auf, die die Ausstellung der Bild- und Schriftdokumente beschließt! Was soll damit ausgesagt werden?***

Deutsch Schr. Sprachgebrauch	Name:	Klasse:	Datum:	Nr.:

Bericht über den Besuch der KZ-Gedenkstätte in Dachau

Im Geschichtsunterricht nahmen wir die Judenverfolgung im Dritten Reich durch. Zum Abschluss dieses Themas planten unsere Lehrer mit allen drei achten Klassen unserer Schule am Freitag, den 14. Dezember eine Besichtigung des ehemaligen Konzentrationslagers in Dachau.
Um 8.00 Uhr fuhren wir mit zwei Bussen von der Ludwig-Auer-Schule in Donauwörth ab. Nach eineinhalbstündiger Fahrt kamen wir in Dachau an. Vom Parkplatz vor dem KZ bis zum Eingang des Museums mussten wir nur wenige Minuten gehen.
Schon auf dieser kurzen Strecke waren Wachtürme, Stacheldraht und Gräben zu sehen.
In der Eingangshalle war auf einer schwarzen Tafel ein Lageplan mit Hunderten von Konzentrationslagern im Raum Mitteleuropas angebracht. Unsere Lehrer informierten uns, dass um 10.00 Uhr ein Film über die Geschichte des KZ Dachau laufen würde, den wir nicht versäumen sollten. Deshalb konnten wir den ersten Teil des Museumtraktes nur etwa 15 Minuten anschauen. Im Film sahen wir, wie die Inhaftierten gepeinigt wurden, wie Tausende in Eisenbahnwaggons bei den Transporten in andere Konzentrationslager verhungerten. So fuhren oft ganze Züge mit Leichen ein. Grausame Strafen wie Baumhängen, Stockhiebe, Dunkelhaft, Strafstehen oder gar Erschießen waren das tägliche Brot der Häftlinge. Als die Amerikaner 1945 das KZ Dachau aus den Klauen der SS befreiten, fanden sie vollgestopfte Leichenkammern, denn es gab keine Kohle mehr, um die zu Tausenden angefallenen Toten zu verbrennen. Drei Tage vor der Befreiung waren noch 30.422 Menschen im KZ Dachau untergebracht.
Das Essen war stark rationiert. Über die unmenschlichen medizinischen Versuche (zuerst machten die Ärzte die Häftlinge krank und konnten bzw. wollten sie dann doch nicht mehr heilen) wie Höhenflug- und Unterkühlversuche sowie Körperöffnungen bei vollem Bewusstsein kann man heute nur noch den Kopf schütteln. Überlebende gab es höchst selten. Häufig hatten die Juden ihr Leben der Rüstungsindustrie zu verdanken, denn dort brauchte man Arbeitskräfte. Im KZ war auch eine Gaskammer eingerichtet worden, die jedoch nicht in Betrieb genommen wurde.
Nach dem Film kauften einige von uns Broschüren über das KZ Dachau. Dann sahen wir uns das Museum genauer an und beantworteten dabei die Fragen, die uns unser Geschichtslehrer, Herr Mayr, gestellt hatte. Wir erfuhren, dass das KZ Dachau am 22. März 1933 gegründet worden war, als erstes seiner Art in Deutschland. Dort wurden Juden, Polen, Russen, Geistliche und Politiker anderer Denkart eingesperrt. Im zweiten Teil des Museumtraktes erschütterten uns Bilder aus dem Vernichtungslager Auschwitz in Polen. Ganze Räume voller Kinderhaare, Brillen, Schuhe, Koffer und Zähne zeigten deutlich die Unmenschlichkeit dieses Regimes. Am Ende der Ausstellung war ein Ausspruch von Santayana auf eine Tafel geschrieben: "Die sich des Vergangenen nicht erinnern, sind dazu verurteilt, es noch einmal zu erleben."
Um 11.00 Uhr verließen wir das Museum und überquerten den Appellplatz, um in eine der zwei nachgebauten Baracken einzutreten. In ihr waren damals bis zu 1.600 Menschen untergebracht, unvorstellbar zusammengepfercht. Es gab in den Schlafräumen dreistöckige Betten, ganz eng zusammengerückt. In jedem Bett von etwa einem Meter Breite mussten mindestens drei Häftlinge schlafen. Trat in einem Blockbereich eine Infektionskrankheit auf, so wurden alle Mithäftlinge dieses Bereichs erschossen.
Danach führte uns unser Weg zum Krematorium, wo in sechs Öfen die Leichen verbrannt worden waren. Am Jourhaus sahen wir das berühmte Tor, auf dessen Gitterstäben der sarkastische Satz stand: "Arbeit macht frei!" Dort mussten die Häftlinge alles abgeben, was sie besaßen: persönliches Eigentum, Freiheit und Menschenwürde.
Zu den Bussen zurückgekehrt, verließen wir Dachau um 12.05 Uhr und trafen gegen 13.30 Uhr wieder an der Ludwig-Auer-Schule in Donauwörth ein.
Am Montag gaben wir unsere Berichte bei Herrn Mayr ab. Ich war zutiefst erschüttert, denn so schlimm hatte ich mir das, was damals geschehen war, nicht vorgestellt.

Christian G. (8a)

Deutsch Schr. Sprachgebrauch	Name:	Klasse:	Datum:	Nr.:

Die Gegenstandsbeschreibung

Gestaltungsmerkmale

❶ Die Gegenstandsbeschreibung setzt eine ________________ Kenntnis des zu beschreibenden Gegenstandes und der unentbehrlichen ________________________ voraus.

❷ Die Gegenstandsbeschreibung verlangt eine ____.

❸ Wichtig ist immer, dass der Leser eine klare ____________________ von dem beschriebenen Gegenstand bekommt.

Überlege zuerst, aus welchen Teilen der Gegenstand besteht, wie die Teile beschaffen sind und welchem Zweck sie dienen.

Größe:

____

Material:

____

____

____

Form:

____

____

____

Oberfläche:

____

____

Farbe:

____

____

❹ Die Zeitstufe aller Beschreibungen, auch der Gegenstandsbeschreibung, ist die ____________- ____________ (Präsens).

❺ Vermeide Allerweltswörter wie "haben" und "sein"! Ersetze sie durch bessere Zeitwörter!

____

____

____

Deutsch Schr. Sprachgebrauch	Name:	Klasse:	Datum:	Nr.:

Die Gegenstandsbeschreibung

Gestaltungsmerkmale

❶ Die Gegenstandsbeschreibung setzt eine ***genaue*** Kenntnis des zu beschreibenden Gegenstandes und der unentbehrlichen ***Fachausdrücke*** voraus.

❷ Die Gegenstandsbeschreibung verlangt ein ***sinnvolle Reihenfolge***.

❸ Wichtig ist immer, dass der Leser eine klare ***Vorstellung*** von dem beschriebenen Gegenstand bekommt.

Überlege zuerst, aus welchen Teilen der Gegenstand besteht, wie die Teile beschaffen sind und welchem Zweck sie dienen.

Größe:

Länge, Breite, Höhe (in Maßeinheiten angegeben)

Material:

Leder, Wolle, Plastik, Plexiglas, Gummi, Kunstleder, Gold, Edelstahl, Glas, Eisen, Filz, Stoff, Holz, Stein, Papier, ...

Form:

eckig, rechteckig, quadratisch, rund, zylinderförmig, abgestumpft, gebogen, flach, tellerförmig, gestreckt, länglich, oval, spitz, breit, abgeplattet, bauchig, stumpf, handbreit, ...

Oberfläche:

glatt, rau, uneben, gebeizt, glänzend, poliert, matt schimmernd, weich, hart, gerillt, geschliffen, bemalt, ...

Farbe:

Genaue Bezeichnung der Farbe, z.B. dunkelblau, zartrosa, lindgrün, rostrot, postgelb, ocker, pechschwarz, ...

❹ Die Zeitstufe aller Beschreibungen, auch der Gegenstandsbeschreibung, ist die ***Gegenwart*** (Präsens).

❺ Vermeide Allerweltswörter wie "haben" und "sein"! Ersetze sie durch bessere Zeitwörter!

vorfinden, bestehen aus, verlaufen, sich befinden, anfühlen, fehlen, enthalten, ruhen, enden, tragen, wirken, besitzen, zeigen, ...

Deutsch Schr. Sprachgebrauch	Name:	Klasse:	Datum:	Nr.:

Die Gegenstandsbeschreibung

Meine Armbanduhr

❶ Einzelteile der Uhr (Fachausdrücke):

❷ Forme die folgenden Sätze um! Vermeide dabei vor allem die langweiligen "ist" und "sind"!

Das Band, das zur Befestigung der Uhr dient, ist aus Metall und ist vergoldet.

Unter der Ziffer Zwölf ist der Markenname Ebel in goldener Schrift.

Die blauen Ziffern sind römische Zahlen.

Auf dem weißen Zifferblatt ist keine Datumsangabe.

Auf der Uhrenrückseite sind folgende Begriffe: "stainless steel", "shock absorber", "waterresistant" und sowie die Wertbezeichnung "21 Jewels".

Der roten Stundenzeiger ist länglich, der rote Minutenzeiger dünn.

Arbeitsauftrag:
Beschreibe die Armbanduhr! Sie ist im Verhältnis 1:1 abgebildet. Entnimm die weiteren notwendigen Angaben diesem Arbeitsblatt!

Deutsch Schr. Sprachgebrauch	Name:	Klasse:	Datum:	Nr.:

Die Gegenstandsbeschreibung

Meine Armbanduhr

❶ Einzelteile der Uhr (Fachausdrücke):

Krone, Zeiger, Ziffern, Zifferblatt, Armband, Gehäuse, Marke,

Datumsanzeige, Deckglas, Getriebe, Zahnräder, Unruh,

Minuten-, Stunden-, Sekundenzeiger

❷ Forme die folgenden Sätze um! Vermeide dabei vor allem die langweiligen "ist" und "sind"!

Das Band, das zur Befestigung der Uhr dient, ist aus Metall und ist vergoldet.

Das vergoldete Band, das zur Befestigung der Uhr dient, besteht

aus Metall.

Unter der Ziffer Zwölf ist der Markenname Ebel in goldener Schrift.

Unter der Ziffer Zwölf ist der Markenname "Ebel" in goldener Schrift aufgedruckt.

Die blauen Ziffern sind römische Zahlen.

Die Ziffern sind als römische Zahlen im Kreis angeordnet und in Blau gehalten.

Auf dem weißen Zifferblatt ist keine Datumsangabe.

Eine Datumsangabe fehlt auf dem weißen Zifferblatt.

Auf der Uhrenrückseite sind folgende Begriffe: "stainless steel", "shock absorber", "waterresistant" und sowie die Wertbezeichnung "21 Jewels".

Auf der Uhrenrückseite sind die Begriffe "stainless steel", "shock absorber", "waterresistant" und

"21 Jewels" eingraviert.

Der roten Stundenzeiger ist länglich, der rote Minutenzeiger dünn.

Beide Zeiger heben sich durch ihr Rot deutlich vom weißen Zifferblatt ab, wobei der schlanke

Minutenzeiger 1,5 cm, der etwas dickere Stundenzeiger 1 cm messen.

Arbeitsauftrag:
Beschreibe die Armbanduhr! Sie ist im Verhältnis 1:1 abgebildet. Entnimm die weiteren notwendigen Angaben diesem Arbeitsblatt!

Deutsch Schr. Sprachgebrauch	Name:	Klasse:	Datum:	Nr.:

Die Gegenstandsbeschreibung

Mein Füllfederhalter

Zu meinem 12. Geburtstag schenkte mir mein Vater einen Füllfederhalter der Marke "Pelikan", den ich noch heute benutze.
Er ist aus schwarzem, sehr hartem Kunststoff hergestellt. Seine Oberfläche erscheint spiegelglatt und glänzend. Der Füller gehört zu den älteren Modellen und wirkt deshalb nicht so schlank wie die neuen.
Mit aufgesetzter Kappe, die etwas größer herauskommt als bei anderen Fabrikaten, beträgt seine Länge zwölf Zentimeter; die beiden Enden sind abgerundet. Die Kappe selbst weist eine Länge von etwa sieben Zentimeter auf. Sie wird nach oben zu schmaler und ist am unteren Gewinderand mit einem schmalen, zwei Millimeter breiten, aus Messing gefertigten Abschlussring versehen. Dieser dient zum Schutz des Randes und gleichzeitig zur Zierde. Die Haltespange ist leider schon abgebrochen. Als Ersatz habe ich die von einem anderen Füller genommen. Sie ist etwa dreieinhalb Zentimeter lang, oben nur fünf Millimeter breit, wird dann nach unten zu schmaler bis zwei Millimeter und allmählich wieder etwas breiter bis zu dreieinhalb Millimeter. Sie wird von einem kleinen, abschraubbaren Käppchen festgehalten, das wie ein abgerundeter Kegel aussieht.
Die Länge der Feder beträgt nicht ganz zwei Zentimeter. Sie ist vergoldet und mit dem Markennamen "Pelikan" bezeichnet, der quer über drei kleine, hauchdünne Kreise geprägt ist. In der Mitte erkenne ich ein winziges rundes Loch, von dem aus die Feder nach unten in zwei Zungen gespalten ist.
Der Tintenverteiler ist etwas abgeflacht und seitlich in gleichen Abständen gekerbt. Am Grunde zeigt sich ein grüner, drei Millimeter hoher und zwei Millimeter breiter Absatz, der wie eine kleine, der Länge nach halbierte Walze aussieht. Das ist der Betätigungsknopf für den Reservetank. Wenn plötzlich während des Unterrichts die Tinte zur Neige geht, drücke ich nur den Knopf nach unten, und ich kann wieder weiterschreiben.
Der sichtbare Tintenraum umfasst einen zylindrischen Behälter von etwa einem Zentimeter Höhe und gleichfalls einem Zentimeter Durchmesser.
Als mein Vater mir den Füllfederhalter kaufte, kostete er 24,50 DM. Ich habe mich an ihn sehr gewöhnt und würde seinen Verlust bedauern, obwohl es heute schönere und bessere Füllfederhalter gibt.

Arbeitsaufgaben:

Was erschwert die Beschreibung eines Füllfederhalters?

____

____

Im Musteraufsatz oben wird der Füllfederhalter sehr genau beschrieben. Woran lässt sich das feststellen?

____

____

Welche Fachausdrücke werden verwendet?

____

____

____

Deutsch Schr. Sprachgebrauch	Name:	Klasse:	Datum:	Nr.:

Die Gegenstandsbeschreibung

Mein Füllfederhalter

Zu meinem 12. Geburtstag schenkte mir mein Vater einen Füllfederhalter der Marke "Pelikan", den ich noch heute benutze.
Er ist aus schwarzem, sehr hartem Kunststoff hergestellt. Seine Oberfläche erscheint spiegelglatt und glänzend. Der Füller gehört zu den älteren Modellen und wirkt deshalb nicht so schlank wie die neuen.
Mit aufgesetzter Kappe, die etwas größer herauskommt als bei anderen Fabrikaten, beträgt seine Länge zwölf Zentimeter; die beiden Enden sind abgerundet. Die Kappe selbst weist eine Länge von etwa sieben Zentimeter auf. Sie wird nach oben zu schmaler und ist am unteren Gewinderand mit einem schmalen, zwei Millimeter breiten, aus Messing gefertigten Abschlussring versehen. Dieser dient zum Schutz des Randes und gleichzeitig zur Zierde. Die Haltespange ist leider schon abgebrochen. Als Ersatz habe ich die von einem anderen Füller genommen. Sie ist etwa dreieinhalb Zentimeter lang, oben nur fünf Millimeter breit, wird dann nach unten zu schmaler bis zwei Millimeter und allmählich wieder etwas breiter bis zu dreieinhalb Millimeter. Sie wird von einem kleinen, abschraubbaren Käppchen festgehalten, das wie ein abgerundeter Kegel aussieht. Die Länge der Feder beträgt nicht ganz zwei Zentimeter. Sie ist vergoldet und mit dem Markennamen "Pelikan" bezeichnet, der quer über drei kleine, hauchdünne Kreise geprägt ist. In der Mitte erkenne ich ein winziges rundes Loch, von dem aus die Feder nach unten in zwei Zungen gespalten ist.
Der Tintenverteiler ist etwas abgeflacht und seitlich in gleichen Abständen gekerbt. Am Grunde zeigt sich ein grüner, drei Millimeter hoher und zwei Millimeter breiter Absatz, der wie eine kleine, der Länge nach halbierte Walze aussieht. Das ist der Betätigungsknopf für den Reservetank. Wenn plötzlich während des Unterrichts die Tinte zur Neige geht, drücke ich nur den Knopf nach unten, und ich kann wieder weiterschreiben.
Der sichtbare Tintenraum umfasst einen zylindrischen Behälter von etwa einem Zentimeter Höhe und gleichfalls einem Zentimeter Durchmesser.
Als mein Vater mir den Füllfederhalter kaufte, kostete er 24,50 DM. Ich habe mich an ihn sehr gewöhnt und würde seinen Verlust bedauern, obwohl es heute schönere und bessere Füllfederhalter gibt.

Arbeitsaufgaben:

Was erschwert die Beschreibung eines Füllfederhalters?

Der Gegenstand ist relativ klein und vom Äußeren her nicht differenziert.

Im Musteraufsatz oben wird der Füllfederhalter sehr genau beschrieben. Woran lässt sich das feststellen?

Es werden sehr viele Fachausdrücke und Maßangaben verwendet.
Farben und Formen werden anschaulich wiedergegeben.

Welche Fachausdrücke werden verwendet?

Kappe, Gewinderad, Abschlussring, Haltespange, Käppchen, Feder, Tintenverteiler, Knopf für Reservetank, Tintenraum, Marke "Pelikan"

Deutsch Schr. Sprachgebrauch	Name:	Klasse:	Datum:	Nr.:

Die Tierbeschreibung

Der Eisvogel

Eisvogel (Länge 17 cm, Gewicht 17 g)

Die Familie der Eisvögel ist wie die der Hopfe in Europa nur durch eine Art vertreten. Die Herkunft der Bezeichnung ist unklar, denn mit Eis hat das Tier nichts zu tun. Seine Verwandtschaft ist in den Tropen beheimatet, wo es Dutzende farbenprächtiger Eisvogelarten gibt. Auch unserem Eisvogel merkt man die Zugehörigkeit zu einer vorwiegend in den heißen Ländern verbreiteten Vogelgruppe an. Solch eine schillernd grünblaue Oberseite hat kein anderer heimischer Vogel. Trotzdem gehen die meisten Leute an ihm vorbei, ohne ihn zu bemerken, wenn er regungslos unter Weiden am Ufer sitzt. Hier lauert er auf kleine Fischchen und andere Wassertiere. Kopfüber stürzt er sich plötzlich in die Flut, um einen Augenblick später, meist mit Beute, wieder hoch zu kommen.
Im Schwirrflug strebt er dann sofort einem seiner Ruheplätze zu. Das Fischchen verschluckt er ganz, stets mit dem Kopf voran. Will er aber seine Jungen damit füttern, dann hält er es umgekehrt, so dass der Schwanz in den Schlund des alten Eisvogels hineinragt und die Atzung dem Kleinen mundgerecht dargeboten wird. Der Eisvogel nistet an steilen Uferwänden wie die Uferschwalbe, aber stets nur ein Paar allein. Mit dem langen, geraden Schnabel treibt er die Röhre zu seinem Nest einen halben bis ganzen Meter in dem Lehm vor, mit dem außergewöhnlich kurzen, korallenroten Beinen schafft er die gelockerte Erde ins Freie. Das Gelege besteht meist aus sieben Eiern mit glänzend weißer Schale, wie es bei den Höhlenbrütern üblich ist.

Arbeitsaufträge:

❶ ***Unterstreiche im Text oben Stellen, die du bei deiner Tierbeschreibung übernehmen kannst!***

❷ ***Beschreibe den Eisvogel im Bild! Benütze die angebotenen Gestaltungshilfen unten!***

> Sperlingsgröße - gedrungener Leib - kurzer Hals - großer Kopf - kurze Flügel - lackrote Bauchseite - zierliche kleine Füße - langer gerader Schnabel, vorne spitz zulaufend - sehr kurzer Schwanz - sehr farbig/bunt/farbenprächtig/in vielen Farben schillernd - prachtvolles Gefieder - metallisch glänzend - grünschwarzer Grund - schillernd grüner Kopf mit rundlich meerblauen Flecken - leuchtendes Türkisblau der Flügel

❸ ***Informiere dich in Sachbüchern und Lexika über ein Tier und beschreibe es, ohne den Namen zu nennen! Lasse anschließend raten, welches Tier gemeint ist!***

Beachte: Neben den äußeren Kennzeichen solltest du auch kurz auf Verbreitung (Vorkommen), Lebensgewohnheiten und Feinde hinweisen.

❹ ***Beschreibe eines der vier Tiere unten mit nur wenigen Sätzen! Achte dabei auf das Charakteristische eines jeden Tieres! Nenne keine Tiernamen!***

DEUTSCH Schriftl. Sprachgebr.	NAME: ______	KLASSE: ______	DATUM: ______	NR.: ___

Die Tierbeschreibung

Der Eisvogel

Deutsch Schr. Sprachgebrauch	Name:	Klasse:	Datum:	Nr.:

Die Vorgangsbeschreibung:

Wir schreiben ein Kochrezept auf

Walters Bericht von Vaters Eierspinat

Einige Tage nach Vaters Kochversuchen las Walter folgenden Bericht in seiner Klasse vor:

Vater und ich hatten Mutter zum Geburtstag eine Küchenmaschine geschenkt. Nachdem wir die Gebrauchsanleitung eingehend studiert hatten, meinte Vater, er könne doch gut einmal selber kochen, um das neue Gerät richtig auszuprobieren. Vielleicht war das ein Fehler.
Den Spinat waschen und entstielen ging ja noch gut. Aber ich glaube, die Butter im Kochtopf war schon zu heiß, als Vater an die Zwiebel ging. Jedenfalls sah er wegen der Tränen schlecht, hielt die Zwiebel immer näher an die Augen und merkte nicht, dass die Butterbrühe braun geworden war und brutzelte. Im Nu waren die Zwiebel schwarz. Von wegen "angedünstet"! Dass er zu den Spinatblättern ein wenig Wasser hätte gießen müssen, stand ja auch nicht im Rezept. Vater merkte es aber eben noch rechtzeitig, und dann ließ auch der Brandgeruch nach.
Nun war der Mixer dran. Zunächst machte er den Mixstab auch richtig fest und hielt ihn in den Spinat. Er schaltete ein und staunte: Wie im Zeitlupentempo drehte sich der Stab und ließ den Spinat gemächlich um sich kreisen. Er hob den Mixer hoch und stellte fest, dass er statt der Stufe III die langsame Stufe I eingestellt hatte. "Aha", sagte Vater und schaltete um. Als er dann den heulenden Mixer mit dem Spinat in Berührung brachte, geschah es. Meine Mutter meinte, es sei nicht sicher, dass der Rest noch reiche. Sie fing an, die Kacheln abzuwischen. Gleichzeitig tröstete sie ihren Mann, der ganz verlegen auf seine Hemdsärmel zeigte. Er wollte ja keine Schürze anziehen. Dann kam die Sache mit der Eierschale: Er schlug das erste Ei auf, drehte beide Hälften um und ließ die erste ins kochende Wasser plumpsen. Er riss wie elektrisiert die linke Hand mit der zweiten Hälfte hoch und blies gegen die rechte. Der Rest des Eis fand sich in der Salzschütte. Als er dann mit der gesunden Hand die im Wasser tanzende Eierschale angeln wollte, ging Mutter still, aber schnell Brandgelee holen.
Vater ließ sich nicht unterkriegen. Es gab zwar noch eine Abwechslung beim Garnieren mit Mayonnaise. Er hätte den Plastikbeutel eben etwas weiter aufschneiden müssen. Aber er wollte ja Sternchen auf das verlorene Ei spritzen. Mutter nahm die Dekoration auf ihrer Bluse nicht weiter übel, tischte ihre ausgezeichneten Salzkartoffeln auf und machte rasch ein paar Spiegeleier. Zusammen mit dem Spinatrest wurden wir tatsächlich satt.
"Siehst du", meinte Vater, "so schwer ist das doch gar nicht mit dem Mixer." Mutter aß schweigend ihr Spiegelei.

Verlorene Eier mit Mayonnaise auf Spinat

750 g jungen Spinat
1 Zwiebel
1 Esslöffel Butter
Salz, Pfeffer, Muskat
1 Teelöffel Stärkemehl
1 Tasse Sahne
Eier nach Bedarf
Mayonnaise
Schnellmixstab

❶ ***Was hat Vater alles falsch gemacht?***

Butter zu heiß; Spinatblätter ohne Wasser; Mixer zu hoch geschaltet; Hand nicht in den heißen Wasserdampf halten; Plastikbeutel zu weit aufgeschnitten

❷ ***Schreibe nun ein Rezept zu diesem Kochversuch auf! Gliedere das Rezept zuerst nach Zutaten, Zubereitung und Anrichten!***

Zutaten: ____________________

Zubereitung: ____________________

____

____

____

Anrichten: ____________________

Deutsch Schr. Sprachgebrauch	Name:	Klasse:	Datum:	Nr.:

Die Vorgangsbeschreibung:

Wir schreiben ein Kochrezept auf

Walters Bericht von Vaters Eierspinat

Einige Tage nach Vaters Kochversuchen las Walter folgenden Bericht in seiner Klasse vor:

Vater und ich hatten Mutter zum Geburtstag eine Küchenmaschine geschenkt. Nachdem wir die Gebrauchsanleitung eingehend studiert hatten, meinte Vater, er könne doch gut einmal selber kochen, um das neue Gerät richtig auszuprobieren. Vielleicht war das ein Fehler.

Den Spinat waschen und entstielen ging ja noch gut. Aber ich glaube, die Butter im Kochtopf war schon zu heiß, als Vater an die Zwiebel ging. Jedenfalls sah er wegen der Tränen schlecht, hielt die Zwiebel immer näher an die Augen und merkte nicht, dass die Butterbrühe braun geworden war und brutzelte. Im Nu waren die Zwiebel schwarz. Von wegen "angedünstet"! Dass er zu den Spinatblättern ein wenig Wasser hätte gießen müssen, stand ja auch nicht im Rezept. Vater merkte es aber eben noch rechtzeitig, und dann ließ auch der Brandgeruch nach.

Nun war der Mixer dran. Zunächst machte er den Mixstab auch richtig fest und hielt ihn in den Spinat. Er schaltete ein und staunte: Wie im Zeitlupentempo drehte sich der Stab und ließ den Spinat gemächlich um sich kreisen. Er hob den Mixer hoch und stellte fest, dass er statt der Stufe III die langsame Stufe I eingestellt hatte. "Aha", sagte Vater und schaltete um. Als er dann den heulenden Mixer mit dem Spinat in Berührung brachte, geschah es. Meine Mutter meinte, es sei nicht sicher, dass der Rest noch reiche. Sie fing an, die Kacheln abzuwischen. Gleichzeitig tröstete sie ihren Mann, der ganz verlegen auf seine Hemdsärmel zeigte. Er wollte ja keine Schürze anziehen. Dann kam die Sache mit der Eierschale: Er schlug das erste Ei auf, drehte beide Hälften um und ließ die erste ins kochende Wasser plumpsen. Er riss wie elektrisiert die linke Hand mit der zweiten Hälfte hoch und blies gegen die rechte. Der Rest des Eis fand sich in der Salzschütte. Als er dann mit der gesunden Hand die im Wasser tanzende Eierschale angeln wollte, ging Mutter still, aber schnell Brandgelee holen.

Vater ließ sich nicht unterkriegen. Es gab zwar noch eine Abwechslung beim Garnieren mit Mayonnaise. Er hätte den Plastikbeutel eben etwas weiter aufschneiden müssen. Aber er wollte ja Sternchen auf das verlorene Ei spritzen. Mutter nahm die Dekoration auf ihrer Bluse nicht weiter übel, tischte ihre ausgezeichneten Salzkartoffeln auf und machte rasch ein paar Spiegeleier. Zusammen mit dem Spinatrest wurden wir tatsächlich satt.

"Siehst du", meinte Vater, "so schwer ist das doch gar nicht mit dem Mixer." Mutter aß schweigend ihr Spiegelei.

Verlorene Eier mit Mayonnaise auf Spinat

750 g jungen Spinat
1 Zwiebel
1 Esslöffel Butter
Salz, Pfeffer, Muskat
1 Teelöffel Stärkemehl
1 Tasse Sahne
Eier nach Bedarf
Mayonnaise
Schnellmixstab

❶ ***Was hat Vater alles falsch gemacht?***

Butter zu heiß; Spinatblätter ohne Wasser; Mixer zu hoch geschaltet; Hand nicht in den heißen Wasserdampf halten; Plastikbeutel zu weit aufgeschnitten

❷ ***Schreibe nun ein Rezept zu diesem Kochversuch auf! Gliedere das Rezept zuerst nach Zutaten, Zubereitung und Anrichten!***

Zutaten: Spinat, Zwiebel, Butter, Gewürze, Sahne, Eier Mayonnaise

Zubereitung: Spinat waschen und entstielen - Butter in den Kochtopf geben - Zwiebel anbräunen lassen - Spinatblätter mit etwas Wasser per Mixer zerkleinern - Eier kochen - Schale entfernen und Eier halbieren - würzen - Spinat mit Sahne verfeinern

Anrichten: Auf einer Silberplatte mit Mayonnaise und Spinat servieren

Deutsch Schr. Sprachgebrauch	Name:	Klasse:	Datum:	Nr.:

Die Vorgangsbeschreibung

Wir bauen ein Schnurtelefon

Material:
- zwei Plastikbecher (Joghurtbecher)
- zwei Streichhölzer
- Schnur (Perlonschnur) von ca. 20 Metern Länge

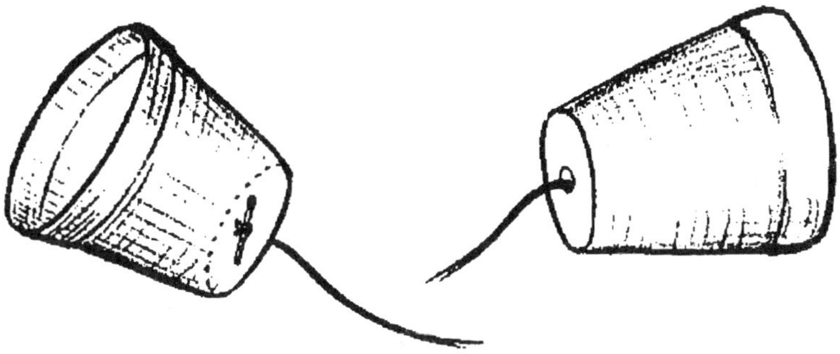

Wichtig:
Beim Telefonieren muss die Schnur immer gespannt sein und darf keine Gegenstände oder den Boden zwischen Sprecher und Hörer berühren, denn durch die Bodenberührung würden die Schwingungen abgeleitet werden.

Arbeitsauftrag:
Beschreibe nun Bau und Funktionsweise dieses Schnurtelefons. Beachte dabei, dass deine Beschreibung eine Einleitung und einen Schluss besitzen sollte.

Deutsch Schr. Sprachgebrauch	Name:	Klasse:	Datum:	Nr.:

Die Vorgangsbeschreibung

Wir bauen ein Schnurtelefon

Material:
- zwei Plastikbecher (Joghurtbecher)
- zwei Streichhölzer
- Schnur (Perlonschnur) von ca. 20 Metern Länge

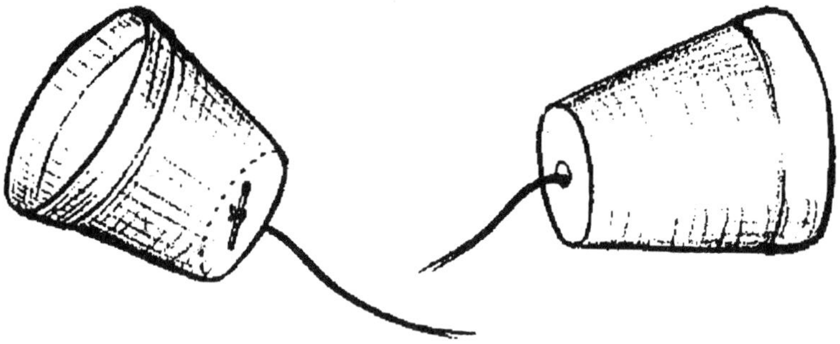

Wichtig:
Beim Telefonieren muss die Schnur immer gespannt sein und darf keine Gegenstände oder den Boden zwischen Sprecher und Hörer berühren, denn durch die Bodenberührung würden die Schwingungen abgeleitet werden.

Arbeitsauftrag:
Beschreibe nun Bau und Funktionsweise dieses Schnurtelefons. Beachte dabei, dass deine Beschreibung eine Einleitung und einen Schluss besitzen sollte.

Ein Telefon ist ein komplizierter Apparat, den man mit einfachen Mitteln gar nicht bauen kann. Eine spielerische Vorform dieses Fernsprechgerätes ist das Schnurtelefon - und es ist ganz einfach herzustellen.

Dazu braucht man als Material nur zwei Plastikbecher, am besten Joghurtbecher, zwei Streichhölzer und eine Schnur, die etwa 20 Meter lang sein soll. Zuerst bohrt man zwei Löcher in die Mitte der Becherböden. Daraufhin fädelt man die Schnur, am besten Perlonschnur, weil sie den Schall besser leitet als die handelsübliche Schnur, durch die beiden Öffnungen. Die Schnurenden werden dann mit den Streichhölzern verknotet. Zieht man straff, liegen die beiden Hölzchen fest am Becherboden an. Jetzt ist das Schnurtelefon fertig. Allerdings sollte man darauf achten, dass die Schnur beim Telefonieren immer gespannt bleibt und keine Gegenstände oder den Boden zwischen Sprecher und Hörer berührt, sonst werden die Schwingungen abgeleitet.

Deutsch Schr. Sprachgebrauch	Name:	Klasse:	Datum:	Nr.:

Die Vorgangsbeschreibung

Wie bastelt man eine Marionette?

Arbeitsauftrag:
Unten sind alle Arbeitsschritte in der Ich-Form vorgegeben. Schreibe nun eine allgemein gültige Vorgangsbeschreibung!

Tägigkeiten	Material	Werkzeuge
Ich schnitze Kopf, Rumpf und Glieder aus Holz.	Rundhölzer	Meterstab, Feile, Schnitzmesser
Ich verbinde alle Teile durch Drahtösen.	Drahtösen	Kombizange, Handbohrer
Dann ziehe ich die Marionette an.	Stoffreste, Faden, Pelzreste, Wolle, Lederreste, Klebstoff	Schere,. Nadel
Jetzt befestige ich am Kopf, an den Händen und Füßen kleine Drahtösen.	kleine Drahtösen	Kombizange, Handbohrer
Ich baue das Spielkreuz zusammen.	2 Vierkanthölzer, 2 Rundschrauben	Meterstab, Säge, Schraubendreher
Ich verbinde Drahtösen am Kopf, an Händen und Füßen durch schwarze Fäden mit dem Spielkreuz.	Schwarzer Faden	
Ich male auf den Kopf ein Gesicht auf.	Farben, Klebstoff	Pinsel, Schere

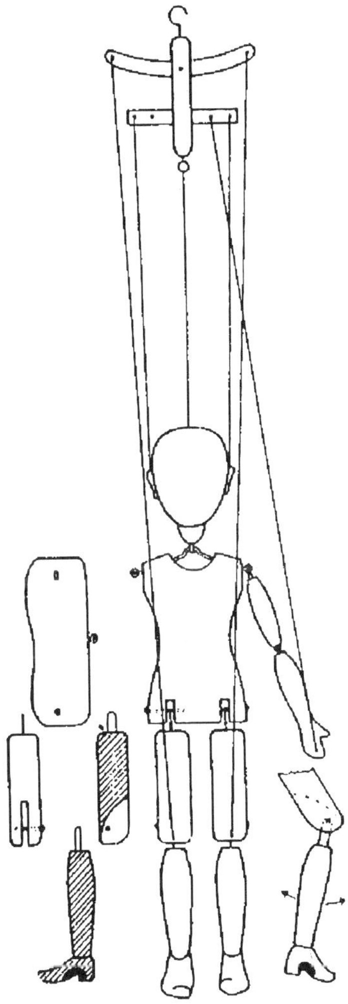

Wie man eine Marionette fertig stellt!

Zuerst male ich das Gesicht: Augen, Augenbrauen, Nase, Mund, Zähne. Haare und Bart klebe ich aus Fell auf. Den Hut nähe ich aus Filz und schmücke ihn mit einer Feder. Aus Stoff nähe ich die Hose und das Hemd. Eine alte Spitze wird der Kragen. Für die Strümpfe nehme ich hellen Stoff, für die Schuhe schwarzes Material.

Deutsch Schr. Sprachgebrauch	Name:	Klasse:	Datum:	Nr.:

Alltagssituationen schriftlich bewältigen

Der Lebenslauf

Man unterscheidet dabei:

❶ Lebenslauf als **kurze schriftliche Darstellung** der wichtigsten Daten und Ereignisse des eigenen Lebens in tabellarischer oder ausgeschriebener Form.

❷ Lebenslauf als **individueller Lebens- und Entwicklungsverlauf** von der Geburt bis zum Tod. Dabei werden objektive (z.B. Einschulung, Heirat) und subjektive (z.B. Erlebnisse und Erinnerungen) Daten und Leistungen verarbeitet. Verschiedene Formen gibt es: Tagebuch, Selbstbiografie (Autobiografie), Memoiren.

Wie die Erfahrungen zeigen, ist der Lebenslauf, so wie er in Punkt 1 dargestellt ist, die geeignetste Unterlage, um einen schnellen Überblick über die Entwicklung des Bewerbers zu erhalten. Bei intensivem Studium wird er zu einer Fundgrube von Feststellungen, die in Verbindung mit den Zeugnissen und dem späteren Vorstellungsgespräch eine Beurteilung des Bewerbers wesentlich verbessern.

Fünf Merkmale zum formalen Aufbau:

① ______________________________

② ______________________________

③ ______________________________

④ ______________________________

⑤ ______________________________

Beispiel für einen tabellarischen Lebenslauf:

Name:	Annette Ballis
Geburtsdatum:	24. November 1980
Geburtsort:	Höchstädt/Donau
Wohnort:	Kesseltaler Straße 42, 86660 Tapfheim , Ortsteil Oppertshofen
Konfession:	evangelisch-lutherisch
Eltern:	Johann Ballis, Landwirt Hannelore Ballis, geb. Lutz, Hausfrau
Geschwister:	ein jüngerer Bruder
Schulbesuch:	1986-1990 Grundschule in Tapfheim, 1990-1992 Hauptschule in Tapfheim, 1992-1995 Hauptschule in Donauwörth
Schulabschluss:	Qualifizierender Abschluss an der Ludwig-Auer-Hauptschule in Donauwörth
Kurse:	Maschinenschreiben, Kurzschrift
Hobbys:	Schwimmen, Lesen
Berufswunsch:	Bürokauffrau

Oppertshofen, 14. November 1994

Annette Ballis

Deutsch Schr. Sprachgebrauch	Name:	Klasse:	Datum:	Nr.:

Lebenslauf

Name:	Steffen Lotze
Anschrift:	Offizial-Schmid-Str. 4, 86609 Donauwörth
Geburtsdatum:	11. Januar 1970
Geburtsort:	Villingen/Schwenningen
Eltern:	Gottfried Lotze; Einzelhandelskaufmann Rosemarie Lotze; geb. Gutmann; Einzelhandelskauffrau
Schule:	1976-1980 Grundschule Donauwörth, 1980-1982 Hauptschule Donauwörth, 1982-1983 Realschule Donauwörth, 1983-1986 Hauptschule Donauwörth
Schulabschluss:	1986 Qualifizierender Hauptschulabschluss (Schnitt: 1,8)
Ausbildung:	1986-1988 Beginn der Ausbildung zum Fernsehtechniker (Fa. Müller, Augsburg) 1988-1992 Ausbildung zum Radio- und Fernsehtechniker (Fa. Arndt, Donauwörth)
Abschluss:	1992 Gesellenprüfung, seit 1992 verantwortlich für HIFI- und Car-Audio, Ein- und Verkauf
Hobbys:	Klavierspielen, Lesen (u.a. auch "STEREO", "stereoplay", "AUDIO", "HIFI-VISION", "Fono-Forum" und "HIFI-Exklusiv"), Rad fahren, Fotografieren, Boxen bauen

Donauwörth, 7. November 1994

Deutsch Schr. Sprachgebrauch	Name:	Klasse:	Datum:	Nr.:

Wie bewerbe ich mich richtig?

Donauwörth, den 14. November 1996

Sehr geehrte Herren,
warten Sie auf jemanden, der Ihr Geschäft in Schwung bringt? Ich eigne mich blendend dazu! Bin draufgängerisch, packe zu, wo immer Sie es wünschen, wickle bestimmt alle Kunden ein. Meine Bekannten sagen, dass ich der geborene Verkäufer für die Textilbranche bin, brauche sicher kaum noch dazuzulernen. Greifen Sie zu!
Zeugnisse schicke ich bei Bedarf nach. Sie können mich ja gelegentlich anrufen. Zu Hause haben wir zwar kein Telefon, aber die Eltern meiner Freundin richten mir stets aus, was für mich eingeht. Die Rufnummer ist 0906/645372, bitte aber nur nach sechs Uhr abends.
Aus der Schule werde ich im Juli entlassen, glücklicherweise, denn meine Lehrer haben mich nicht gerade freundlich behandelt. Aber im praktischen Leben bin ich bis jetzt immer beliebt gewesen.
Auf Ihre Nachricht wartend bin ich
Ihr Ferdinand Schmidt

Ein Bewerbungsschreiben sollte folgende Angaben enthalten:

1) ____________________
2) ____________________
3) ____________________
4) ____________________
5) ____________________
6) ____________________
7) ____________________
8) ____________________
9) ____________________
10) ____________________
11) ____________________

Strategien zur Bewerbung:

① Sich schon vorher intensiv über den "Traumberuf" informieren
(Berufsberatung, "Beruf aktuell", Gespräche)
② Firmenadressen besorgen
(Berufsberatung; Handels- oder Handwerkskammer; Branchenfernsprechbuch)
③ Bewerbung: telefonisch *(mit Spickzettel)* oder schriftlich *(Bewerbungsbrief; Lebenslauf; Lichtbild; Zeugniskopien)*
④ Versand in Plastikmappe, dabei auf richtiges Porto achten
⑤ Erkundigungen über Branche und Bewerbungsfirma einholen
(Prospekte; Firmenselbstdarstellung)
⑥ Alles durcharbeiten, dabei offene Fragen notieren
⑦ Persönliche Bewerbung, das sogenannte Vorstellungsgespräch
("normale" saubere Kleidung; Block und Schreibzeug; Zeugnisunterlagen; Gründe nennen können, warum man diesen "Traumberuf" erlernen möchte; Fragen stellen; sich den Betrieb und den Arbeitsplatz zeigen lassen)
⑧ Zu einem Ergebnis kommen *(neuer Termin; Antwort bis zu einem fixierten Termin; Vertrag)*

Deutsch Schr. Sprachgebrauch	Name:	Klasse:	Datum:	Nr.:

Wie bewerbe ich mich richtig?

Donauwörth, den 14. November 1996

Sehr geehrte Herren,
warten Sie auf jemanden, der Ihr Geschäft in Schwung bringt? Ich eigne mich blendend dazu! Bin draufgängerisch, packe zu, wo immer Sie es wünschen, wickle bestimmt alle Kunden ein. Meine Bekannten sagen, dass ich der geborene Verkäufer für die Textilbranche bin, brauche sicher kaum noch dazuzulernen. Greifen Sie zu!
Zeugnisse schicke ich bei Bedarf nach. Sie können mich ja gelegentlich anrufen. Zu Hause haben wir zwar kein Telefon, aber die Eltern meiner Freundin richten mir stets aus, was für mich eingeht. Die Rufnummer ist 0906/645372, bitte aber nur nach sechs Uhr abends.
Aus der Schule werde ich im Juli entlassen, glücklicherweise, denn meine Lehrer haben mich nicht gerade freundlich behandelt. Aber im praktischen Leben bin ich bis jetzt immer beliebt gewesen.
Auf Ihre Nachricht wartend bin ich
Ihr Ferdinand Schmidt

Ein Bewerbungsschreiben sollte folgende Angaben enthalten:

1) Briefkopf mit Anschrift, Datum, Anrede, (betreff)
2) Grund der Bewerbung
3) Gewünschte Ausbildung
4) Derzeitiger Schulbesuch
5) Kurse (Maschinenschreiben, Informatik etc.)
6) Hobbys
7) Ausbildungsbegründung (kaufmännische Berufe gefallen mir...)
8) Bitte um einen Vorstellungstermin
9) Grußformel (Mit freundlichen Grüßen)
10) Unterschrift
11) Anlagen (Lebenslauf, Zeugniskopie(n), Lichtbild)

Strategien zur Bewerbung:

① Sich schon vorher intensiv über den "Traumberuf" informieren
(Berufsberatung, "Beruf aktuell", Gespräche)
② Firmenadressen besorgen
(Berufsberatung; Handels- oder Handwerkskammer; Branchenfernsprechbuch)
③ Bewerbung: telefonisch *(mit Spickzettel)* oder schriftlich *(Bewerbungsbrief; Lebenslauf; Lichtbild; Zeugniskopien)*
④ Versand in Plastikmappe, dabei auf richtiges Porto achten
⑤ Erkundigungen über Branche und Bewerbungsfirma einholen
(Prospekte; Firmenselbstdarstellung)
⑥ Alles durcharbeiten, dabei offene Fragen notieren
⑦ Persönliche Bewerbung, das sogenannte Vorstellungsgespräch
("normale" saubere Kleidung; Block und Schreibzeug; Zeugnisunterlagen; Gründe nennen können, warum man diesen "Traumberuf" erlernen möchte; Fragen stellen; sich den Betrieb und den Arbeitsplatz zeigen lassen)
⑧ Zu einem Ergebnis kommen *(neuer Termin; Antwort bis zu einem fixierten Termin; Vertrag)*

Deutsch Schr. Sprachgebrauch	Name:	Klasse:	Datum:	Nr.:

Bewerbung

Name:	Steffen Lotze
Straße:	Offizial-Schmid-Str. 4
Wohnort:	86609 Donauwörth
Telefon:	0906/ 58 82
Anlagen:	Bewerbungsschreiben Tabellarischer Lebenslauf Zeugnisse

Deutsch Schr. Sprachgebrauch	Name:	Klasse:	Datum:	Nr.:

Beispiel für eine Bewerbung

Steffen Lotze
Offizial-Schmid-Str. 4
86609 Donauwörth
Tel.: (0906) 58 682

SONY Deutschland GmbH
Niederlassung München
- Personalabteilung
Landsberger Str. 428

81241 München

Donauwörth, 7. November 1994

Bewerbung um die Stelle als Fachhandelsberater

Sehr geehrte Damen und Herren,

über Ihren Angestellten Herrn Friedrichs erfuhr ich von der freien Stelle, die als Fachhandelsberater zu besetzen ist. Ich möchte mich bei Ihnen um diese Stelle bewerben.
Seit Februar 1992 bin ich bei einem Donauwörther Fachhändler für die Abteilung HIFI und Car-Audio verantwortlich. Dabei bin ich zuständig für den gesamten Ein- und Verkauf in diesem Bereich einschließlich Kundenberatung, technischer Betreuung, der Aufstellung bzw. des Einbaus der Geräte beim Kunden, sowie für die werbewirksame und kundenfreundliche Gestaltung der Abteilung.
Mit diesen Tätigkeiten könnte ich mir gut vorstellen, bei Ihnen als Fachhandelsberater zu arbeiten. Die Möglichkeit, mein Wissen auf diesem Gebiet noch zu vergrößern und diese Informationen weiterzugeben, erscheint mir sehr interessant.
Ich würde mich freuen, wenn ich mich Ihnen in einem persönlichen Gespräch vorstellen dürfte.

Mit freundlichen Grüßen

Anlagen
Lebenslauf
Zeugniskopien
Lichtbild

Deutsch Schr. Sprachgebrauch	Name:	Klasse:	Datum:	Nr.:

Über Inhalte berichten

❶ Wesen und Aufgabe

Um das Wesen einer Sache erfassen zu können, muss man den Inhalt eines Textes genau kennen. Deshalb ist mehrmaliges Lesen erforderlich.

❷ Eine Inhaltswiedergabe soll:

a) ______________________________

b) ______________________________

c) ______________________________

d) ______________________________

e) ______________________________

❸ In einer Inhaltsangabe sollten nach Möglichkeit nicht vorkommen:

a) ______________________________

b) ______________________________

c) ______________________________

❹ Auch die Inhaltswiedergabe unterliegt der Dreiteilung des Aufsatzes:

A. Die Einleitung:
Sie gibt Auskunft über das Thema, berichtet über den Verfasser, über die Entstehung des Werkes und manchmal auch über die Absicht des Autors bzw. des Textes.

B. Der Hauptteil:
Er gibt den Inhalt des Textes wieder, und zwar Ablauf und Zusammenhang der wesentlichen Teile des Textes.

C. Der Schluss:
Er kann kurz ein Urteil über Aussage, Absicht, Sprache und Darstellungsform enthalten.

❺ Will man das Wesentliche eines Sachtextes erkennen und wiedergeben, kann man sich der Textkürzung bedienen:

Wozu Strom im Auto gebraucht wird

In den Stromkreislauf sind eine Menge Dinge eingeschaltet, ohne die ein modernes Auto gar nicht denkbar wäre. Scheinwerfer und Rücklichter gehören dazu, Blinker, Bremslicht, Hupe, Heizung und der Anlasser. Weil nun die im Auto befindliche Batterie niemals ausreicht, um über lange Zeit den Strombedarf von sich aus voll zu decken, muss sie ständig neu aufgeladen werden. Denn ein Akku ist nichts weiter als ein Sammler für Strom - erzeugt wird er von der Lichtmaschine. Die Lichtmaschine, die dafür sorgt, dass stets genügend Strom im Autohaushalt ist, wird vom laufenden Motor über einen Keilriemen - der meist auch die Wasserpumpe antreibt - in Tätigkeit gesetzt. Damit der von der Lichtmaschine erzeugte Strom gleichmäßig dosiert wird, wenn er zur Batterie läuft, passiert er einen Regelschalter. Es darf nämlich weder zu wenig noch zu viel Strom zur Batterie fließen.

Arbeitsaufträge:
Gliedere den Text durch Schrägstriche in sinngemäße Abschnitte! Gib den Abschnitten Überschriften, die den Inhalt kennzeichnen! Drücke den Inhalt jedes Abschnitts mit ein bis zwei Sätzen aus! Verbinde diese Sätze zu einer sprachlichen Einheit!

Deutsch Schr. Sprachgebrauch	Name:	Klasse:	Datum:	Nr.:

Über Inhalte berichten

❶ Wesen und Aufgabe

Um das Wesen einer Sache erfassen zu können, muss man den Inhalt eines Textes genau kennen. Deshalb ist mehrmaliges Lesen erforderlich.

❷ Eine Inhaltswiedergabe soll:

a) genau über das Hauptgeschehen berichten.

b) eine sachliche, klare Sprache aufweisen.

c) sich von einer fertigen Vorlage lösen.

d) durch eigene Worte den wesentlichen Inhalt darstellen.

e) die richtige Zeitstufe aufweisen: Gegenwart (Präsens)

❸ In einer Inhaltsangabe sollten nach Möglichkeit nicht vorkommen:

a) Wörtliche Rede

b) Ich-Form

c) Weitere Elemente der Erlebniserzählung: Spannungswörter, Höhepunkt

❹ Auch die Inhaltswiedergabe unterliegt der Dreiteilung des Aufsatzes:

A. Die Einleitung:
Sie gibt Auskunft über das Thema, berichtet über den Verfasser, über die Entstehung des Werkes und manchmal auch über die Absicht des Autors bzw. des Textes.

B. Der Hauptteil:
Er gibt den Inhalt des Textes wieder, und zwar Ablauf und Zusammenhang der wesentlichen Teile des Textes.

C. Der Schluss:
Er kann kurz ein Urteil über Aussage, Absicht, Sprache und Darstellungsform enthalten.

❺ Will man das Wesentliche eines Sachtextes erkennen und wiedergeben, kann man sich der Textkürzung bedienen:

Wozu Strom im Auto gebraucht wird

In den Stromkreislauf sind eine Menge Dinge eingeschaltet, ~~ohne die ein modernes Auto gar nicht denkbar wäre~~. Scheinwerfer und Rücklichter ~~gehören dazu~~, Blinker, Bremslicht, Hupe, Heizung und der Anlasser. Weil nun die ~~im Auto befindliche~~ Batterie niemals ausreicht, um über lange Zeit den Strombedarf von sich aus voll zu decken, muss sie ständig neu aufgeladen werden. ~~Denn ein Akku ist nichts weiter als ein Sammler für Strom - erzeugt wird er~~ von der Lichtmaschine. Die Lichtmaschine, ~~die dafür sorgt, dass stets genügend Strom im Autohaushalt ist~~, wird vom laufenden Motor über einen Keilriemen - ~~der meist auch die Wasserpumpe antreibt - in Tätigk~~eit gesetzt. ~~Damit der von der Lichtmaschine erzeugte Strom gleichmäßig dosiert wird, wenn er zur Batterie läuft, passiert~~ er einen Regelschalter. Es darf ~~nämlich~~ weder zu wenig noch zu viel Strom zur Batterie fließen.

Arbeitsaufträge:
Gliedere den Text durch Schrägstriche in sinngemäße Abschnitte! Gib den Abschnitten Überschriften, die den Inhalt kennzeichnen! Drücke den Inhalt jedes Abschnitts mit ein bis zwei Sätzen aus! Verbinde diese Sätze zu einer sprachlichen Einheit!

Deutsch Schr. Sprachgebrauch	Name:	Klasse:	Datum:	Nr.:

Die Inhaltswiedergabe

Die "Italia"-Expedition zum Nordpol (1928)

Umberto Nobile (italienischer General) - Luftschiff mit drei Motoren zu je 750 PS - Nobile hat den Nordpol schon zwei Jahre vorher mit Amudsen erreicht (1926) - bei der Expedition 1928 auf dem Rückflug Wetterumschwung (Nebel) - Vereisung der Ventile - Verlust an Höhe - Aufschlag auf das Packeis - Gondel zerschmettert - Nobile und neun Männer werden auf das Eis geschleudert - Luftschiff fliegt mit dem Rest der Mannschaft davon und wird nicht mehr gefunden - Nobile (Arm- und Beinbruch), Techniker (Beinbruch), Maschinist (tot) - Überlebende suchen sehr schnell nach Lebensmitteln - finden Wolldecken, ein Zelt, Schlafsäcke, Werkzeuge, Instrumente, einen Kurzwellensender und Trockennahrung - SOS nach Reparatur des Funkgerätes - zehn Tage keine Antwort - Grund: Rettungsschiffe suchen die KW-Bänder nicht ab - Flugzeuge suchen lange umsonst (viermal ganz nahe am Unfallort vorbeigeflogen) - am 3. Juni empfängt der russische Amateurfunker Schmid die SOS-Rufe - alarmiert die Öffentlichkeit - Rettungsversuche durch drei Leute der Mannschaft, die zum Festland hin aufbrechen - die übrigen Verunglückten werden am 20. Juni durch ein Flugzeug entdeckt - Abwurf von Lebensmitteln - ein paar Tage später landet der schwedische Pilot Lundborg und nimmt nur Nobile mit - zweiter Rettungsversuch des schwedischen Fliegers scheitert, weil er nicht mehr von der Unglücksstelle starten kann - Rettung erst am 12. Juli durch den russischen Eisbrecher "Krassin", der zuvor zwei der drei Leute aufgenommen hat, die zum Festland wollten - der dritte Mann ist auf dem Marsch erfroren - Nobile wird auf Grund unehrenhaften Verhaltens (Mannschaft im Stich gelassen) aus der Armee entlassen

Aufgaben:

❶ ***Schreibe zu den Stichpunkten oben eine Inhaltswiedergabe!***

❷ ***Gib in zwei Sätzen an, welches Geschehnis auf dem Bild dargestellt ist! (Inhaltsangabe)***

❸ ***Gib in mehr als drei Sätzen wieder, was das Bild über die Katastrophe der letzten "Italia"-Expedition aussagt! (Inhaltswiedergabe)***

❹ ***Die Inhaltsangabe aus der Skizze über die letzte Fahrt der Italia kannst du ablesen. Versuche, eine Inhaltswiedergabe in einigen Sätzen aufzuschreiben!***

Stichpunkte:

① ______________________

② ______________________

③ ______________________

④ ______________________

⑤ ______________________

____

zu ③

____

____

____

____

____

____

____

____

____

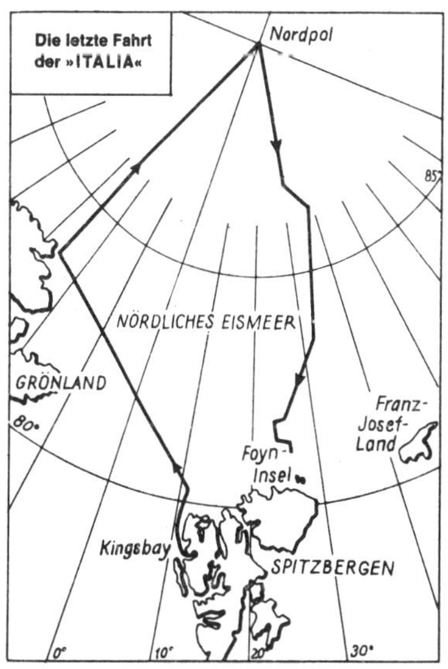

Schulfunk 5/1984

Deutsch Schr. Sprachgebrauch	Name:	Klasse:	Datum:	Nr.:

Die Inhaltswiedergabe

Die "Italia"-Expedition zum Nordpol (1928)

Umberto Nobile (italienischer General) - Luftschiff mit drei Motoren zu je 750 PS - Nobile hat den Nordpol schon zwei Jahre vorher mit Amudsen erreicht (1926) - bei der Expedition 1928 auf dem Rückflug Wetterumschwung (Nebel) - Vereisung der Ventile - Verlust an Höhe - Aufschlag auf das Packeis - Gondel zerschmettert - Nobile und neun Männer werden auf das Eis geschleudert - Luftschiff fliegt mit dem Rest der Mannschaft davon und wird nicht mehr gefunden - Nobile (Arm- und Beinbruch), Techniker (Beinbruch), Maschinist (tot) - Überlebende suchen sehr schnell nach Lebensmitteln - finden Wolldecken, ein Zelt, Schlafsäcke, Werkzeuge, Instrumente, einen Kurzwellensender und Trockennahrung - SOS nach Reparatur des Funkgerätes - zehn Tage keine Antwort - Grund: Rettungsschiffe suchen die KW-Bänder nicht ab - Flugzeuge suchen lange umsonst (viermal ganz nahe am Unfallort vorbeigeflogen) - am 3. Juni empfängt der russische Amateurfunker Schmid die SOS-Rufe - alarmiert die Öffentlichkeit - Rettungsversuche durch drei Leute der Mannschaft, die zum Festland hin aufbrechen - die übrigen Verunglückten werden am 20. Juni durch ein Flugzeug entdeckt - Abwurf von Lebensmitteln - ein paar Tage später landet der schwedische Pilot Lundborg und nimmt nur Nobile mit - zweiter Rettungsversuch des schwedischen Fliegers scheitert, weil er nicht mehr von der Unglücksstelle starten kann - Rettung erst am 12. Juli durch den russischen Eisbrecher "Krassin", der zuvor zwei der drei Leute aufgenommen hat, die zum Festland wollten - der dritte Mann ist auf dem Marsch erfroren - Nobile wird auf Grund unehrenhaften Verhaltens (Mannschaft im Stich gelassen) aus der Armee entlassen

Aufgaben:

❶ ***Schreibe zu den Stichpunkten oben eine Inhaltswiedergabe!***

❷ ***Gib in zwei Sätzen an, welches Geschehnis auf dem Bild dargestellt ist! (Inhaltsangabe)***

❸ ***Gib in mehr als drei Sätzen wieder, was das Bild über die Katastrophe der letzten "Italia"-Expedition aussagt! (Inhaltswiedergabe)***

❹ ***Die Inhaltsangabe aus der Skizze über die letzte Fahrt der Italia kannst du ablesen. Versuche, eine Inhaltswiedergabe in einigen Sätzen aufzuschreiben!***

Stichpunkte:

① Vorbereitungen ____________

② Reiseroute ____________

③ Unglück ____________

④ Rettungsversuche ____________

⑤ Endgültige Rettung ____________

____

zu 3) Auf Grund der vereisten Ventile verliert der Zeppelin an Höhe und prallt auf das Packeis. Dabei wird die Gondel zerschmettert. Ein Teil der Besatzung wird auf das Eis geschleudert, während der Rest der Mannschaft mit dem Luftschiff weiterfliegt.

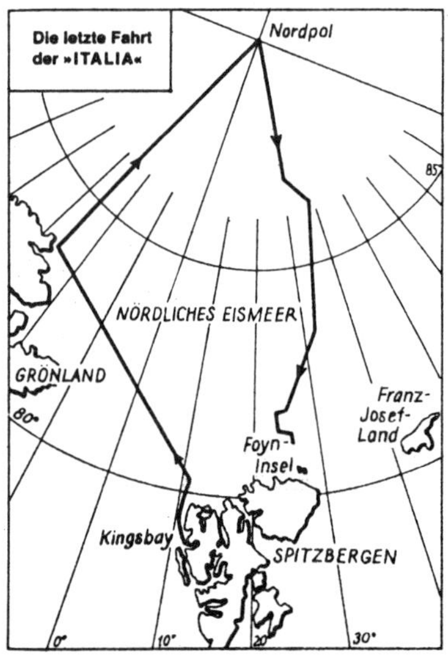

Schulfunk 5/1984

Deutsch Schr. Sprachgebrauch	Name:	Klasse:	Datum:	Nr.:

Die Inhaltswiedergabe

Bahnwärter Thiel

(Musteraufsatz)

Der große Naturalist Gerhart Hauptmann gestaltet in seinen Werken vielfach das Leben einfacher Menschen, die einem harten, ausweglosen Schicksal unterworfen sind. Deutlich spüren wir das in seiner Meisternovelle "Bahnwärter Thiel".

Auf einem einsamen Posten in der Spreeniederung versieht der gewissenhafte Bahnwärter Thiel seit Jahr und Tag seinen Dienst. Seine erste Frau, eine sanfte, ruhige Person, mit der er gut zusammenlebte, ist ihm kurz nach der Geburt des ersten Kindes Tobias gestorben.

Schon nach Jahresfrist verheiratet er sich wieder - diesmal nimmt er eine Kuhmagd aus der Umgebung, ein robustes, derbes und starkes Frauenzimmer. Ahnt der gutmütige, weich und grüblerisch veranlagte Thiel nicht, dass ihm diese Frau das Leben zur Hölle machen wird?

In der ersten Zeit geht noch alles gut; freilich fehlt dem kleinen Tobias die innige Liebe einer leiblichen Mutter. Der Bahnwärter gerät mehr und mehr unter den Einfluss seiner herrschsüchtigen Frau. Als diese ihm dann einen kräftigen Jungen zur Welt gebracht hat, verschlechtert sich die Lage für den armen Tobias und für Thiel zusehends.

Der etwas zurückgebliebene und schmächtige Tobias muss nun täglich spüren, dass er einer hartherzigen Stiefmutter ausgeliefert ist, die nur ihr eigenes Kind kennt und ihn erbarmungslos quält und straft. Der Vater weiß davon - und unternimmt nichts. Zu sehr ist er dieser gewalttätigen Frau hörig geworden, ihr willenlos ergeben. Tobias gehört zwar seine ganze Liebe, im Übrigen aber sucht er Vergessen in seinem einsamen Bahnwärterhaus draußen im Kiefernforst.

Doch das Schicksal nimmt unerbittlich seinen Lauf. An einem warmen Frühlingstag zieht der Bahnwärter Thiel mit seiner Frau Lene und den beiden Kindern hinaus zu einem kleinen Acker unmittelbar bei den Geleisen und beim Stellhäuschen. Lene will das Feld umgraben und Kartoffeln stecken. Inzwischen begibt sich Thiel auf seinen Streckengang, während Tobias auf den Kleinen im Kinderwagen aufpassen muss.

Nach einiger Zeit braust ein Schnellzug vorüber. Plötzlich kreischen die Bremsen, Dampf zischt aus der Lokomotive, der Zug steht. Was ist passiert? Hastig stürzt Thiel zum Zugpersonal und erfährt das Unfassbare: Tobias ist unter den Zug geraten und grässlich zugerichtet worden. Noch ist Leben in dem schwachen Geschöpf, aber es gibt keine Rettung mehr für ihn. Thiel sieht nur noch die blauen Flecken im Gesicht seines Jungen, Spuren einer letzten brutalen Züchtigung, die dieser erdulden musste, bis er in panischer Angst davonlief und unter die eisernen Räder geriet. Der grenzenlose Schmerz treibt den Vater dem Wahnsinn entgegen, und ohnmächtig bricht er zusammen.

Zu Hause nimmt die Tragödie ein schreckliches Ende. Thiel erschlägt in geistiger Umnachtung seine schlafende Frau und tötet auch den Kleinen in der Wiege. Dann eilt er zur Bahnstrecke und verharrt stundenlang an der Stelle, wo sein Tobias vom Zug erfasst worden ist. Mit Gewalt müssen ihn kräftige Männer von den Geleisen zerren. Bestürzt erkennen sie, dass der arme Mann nicht mehr Herr seiner Sinne ist. So bleibt als letzte Station für ihn nur noch die Irrenanstalt der Charite in Berlin.

Die Inhaltswiedergabe gibt den hauptsächlichen Inhalt, den Kern einer Dichtung wieder. Dabei sollte man sich auf das Wesentliche beschränken und Einzelheiten vermeiden, die für den Gang der Handlung unwichtig sind.

Die Inhaltswiedergabe

Eine Art Inhaltswiedergabe findest du auf dem Schutzumschlag eines Buches. Sie ist aber nicht vollständig, weil sie Appetit auf das Buch machen soll.

Eine phantastische Geschichte

»Es sind die Kinder, die verschwinden. Sie gehen fort und kommen nicht wieder. Niemand weiß, was mit ihnen geschieht. Auf dir ruht nun all unsere Hoffnung. Hilf uns, Kim, wie du uns schon einmal geholfen hast.«

Sowie Kim Märchenmond betritt, fühlt er die tiefgreifende Veränderung, die diese Welt hinter den Träumen erfaßt hat.

Er ist entschlossen, all seine Kraft und Klugheit einzusetzen, um die ersehnte Hilfe zu bringen, und macht sich auf den Weg nach Norden, zur gläsernen Burg. Es wird eine Reise durch verwüstetes Land und tausenderlei Gefahren . . .

Wolfgang und Heike Hohlbein

MÄRCHENMONDS KINDER

Deutsch Schr. Sprachgebrauch	Name:	Klasse:	Datum:	Nr.:

Das Referat

Ein Großlöschfahrzeug

Um zwei Großlöschfahrzeuge wurde der Fahrzeugpark der Münchner Flughafenfeuerwehr vergrößert. Der ständig steigende Luftverkehr und der Einsatz von Großraumflugzeugen verlangte die Anschaffung dieser Fahrzeuge.
Das "Jumbo"-Löschfahrzeug wird von zwei im Heck eingebauten luftgekühlten Deutz-Dieselmotoren mit einer Leistung von je 500 PS angetrieben. Sie ermöglichen dem vierachsigen, fast 12 m langen, 2 m breiten und 4,15 m hohen Fahrzeug - selbst bei einem zulässigen Gesamtgewicht von rund 52 Tonnen - eine Spitzengeschwindigkeit von 107 Kilometern pro Stunde. Trotz des hohen Gewichts - unbeladen wiegt das Fahrzeug 28 Tonnen - beschleunigt es von 0 auf 80 Kilometer in nur 37 Sekunden. Oder anders ausgedrückt: Vom Stand aus ist es möglich, eine Entfernung von einem Kilometer in 55 Sekunden zu bewältigen. Die Löscheinrichtungen sind so angelegt, dass nach Ankunft am Brandort durch schlagartigen Einsatz der mitgeführten Löschmittel Brände aller Art rasch und wirksam bekämpft werden können. Die Brandbekämpfung kann selbst nach dem Ausfall eines Motors ungemindert fortgesetzt werden, da das Fahrzeug auch dann noch voll fahr- und pumpfähig ist. Gerade diese Tatsache ist als entscheidender Vorteil der gewählten Fahrzeugkonzeption zu werten.
Der Gesamtauftrag wurde von der Firma Klöckner-Humboldt-Deutz in Ulm übernommen, die den gesamten feuertechnischen Aufbau erstellt und die 500 PS-Motoren geliefert hat. Das Spezialfahrgestell wurde von der Aufbau/Motoren/Fahrgestell Firma Faun in Lauf a.d. Pegnitz hergestellt.
Der Tankaufbau fasst 18.000 Liter Wasser. Innerhalb des selbsttragenden Kunstwassertanks ist noch ein Schaummitteltank mit 2.000 Liter Fassungsvermögen untergebracht, so dass die mitgeführte Menge an Löschmitteln insgesamt 20.000 Liter beträgt.
Das bisher größte Löschfahrzeug der Flughafenfeuerwehr hat dagegen ein Fassungsvermögen von nur 5.500 Liter zuzüglich 500 Liter Schaumbildner.
Die Besatzung des Großlöschfahrzeuges, ein Fahrer und bis zu drei Mann, kann vom Fahrerhaus aus - auch während der Fahrt - das Wendestrahlrohr (Firma Sides, St. Nazaire-Loire Atlantique, Frankreich) für den Schaumbetrieb bedienen. Durch das Rohr werden bei einer Wurfweite bis zu etwa 70 m bis zu 6.000 Liter pro Minute ausgestoßen. Zwei links und rechts am Großlöschfahrzeug installierte Schaumrohre für das schnelle Bekämpfen kleinerer Brände vervollständigen die Löscheinrichtung.
Der Anschaffungspreis für die beiden Großlöschfahrzeuge, die die neueste Entwicklung auf dem Sektor der Flughafenlöschfahrzeuge darstellen, beläuft sich pro Fahrzeug auf rund 1,2 Millionen DM.
Wie sehr bei der Anschaffung von Löschfahrzeugen in neuen Dimensionen gedacht werden muss, geht schon daraus hervor, dass zum Beispiel die Tanks einer Boeing 747, dem Jumbojet, rund 180.000 Liter Treibstoff fassen; eine Menge, mit der ein VW-Golf eine Strecke von 2 Millionen Kilometer zurücklegen könnte.

Gliedere den Text in Einleitung, Hauptteil und Schluss! Schreibe wichtige Stichwörter rechts an den Rand und unterstreiche die dazugehörenden Textstellen!
Fertige nun eine zusammenhängende Beschreibung an! Vergleiche deine Zusammenfassung mit dem Ausgangstext!

Deutsch Schr. Sprachgebrauch	Name:	Klasse:	Datum:	Nr.:

Das Referat

Ein Großlöschfahrzeug

Um zwei Großlöschfahrzeuge wurde der Fahrzeugpark der Münchner Flughafenfeuerwehr vergrößert. Der ständig steigende Luftverkehr und der Einsatz von Großraumflugzeugen verlangte die Anschaffung dieser Fahrzeuge.
Das "Jumbo"-Löschfahrzeug wird von zwei im Heck eingebauten luftgekühlten Deutz-Dieselmotoren mit einer Leistung von je 500 PS angetrieben. Sie ermöglichen dem vierachsigen, fast 12 m langen, 2 m breiten und 4,15 m hohen Fahrzeug - selbst bei einem zulässigen Gesamtgewicht von rund 52 Tonnen - eine Spitzengeschwindigkeit von 107 Kilometern pro Stunde. Trotz des hohen Gewichts - unbeladen wiegt das Fahrzeug 28 Tonnen - beschleunigt es von 0 auf 80 Kilometer in nur 37 Sekunden. Oder anders ausgedrückt: Vom Stand aus ist es möglich, eine Entfernung von einem Kilometer in 55 Sekunden zu bewältigen. Die Löscheinrichtungen sind so angelegt, dass nach Ankunft am Brandort durch schlagartigen Einsatz der mitgeführten Löschmittel Brände aller Art rasch und wirksam bekämpft werden können. Die Brandbekämpfung kann selbst nach dem Ausfall eines Motors ungemindert fortgesetzt werden, da das Fahrzeug auch dann noch voll fahr- und pumpfähig ist. Gerade diese Tatsache ist als entscheidender Vorteil der gewählten Fahrzeugkonzeption zu werten.
Der Gesamtauftrag wurde von der Firma Klöckner-Humboldt-Deutz in Ulm übernommen, die den gesamten feuertechnischen Aufbau erstellt und die 500 PS-Motoren geliefert hat. Das Spezialfahrgestell wurde von der Aufbau/Motoren/Fahrgestell Firma Faun in Lauf a.d. Pegnitz hergestellt.
Der Tankaufbau fasst 18.000 Liter Wasser. Innerhalb des selbsttragenden Kunstwassertanks ist noch ein Schaummitteltank mit 2.000 Liter Fassungsvermögen untergebracht, so dass die mitgeführte Menge an Löschmitteln insgesamt 20.000 Liter beträgt.
Das bisher größte Löschfahrzeug der Flughafenfeuerwehr hat dagegen ein Fassungsvermögen von nur 5.500 Liter zuzüglich 500 Liter Schaumbildner.
Die Besatzung des Großlöschfahrzeuges, ein Fahrer und bis zu drei Mann, kann vom Fahrerhaus aus - auch während der Fahrt - das Wendestrahlrohr (Firma Sides, St. Nazaire-Loire Atlantique, Frankreich) für den Schaumbetrieb bedienen. Durch das Rohr werden bei einer Wurfweite bis zu etwa 70 m bis zu 6.000 Liter pro Minute ausgestoßen. Zwei links und rechts am Großlöschfahrzeug installierte Schaumrohre für das schnelle Bekämpfen kleinerer Brände vervollständigen die Löscheinrichtung.
Der Anschaffungspreis für die beiden Großlöschfahrzeuge, die die neueste Entwicklung auf dem Sektor der Flughafenlöschfahrzeuge darstellen, beläuft sich pro Fahrzeug auf rund 1,2 Millionen DM.
Wie sehr bei der Anschaffung von Löschfahrzeugen in neuen Dimensionen gedacht werden muss, geht schon daraus hervor, dass zum Beispiel die Tanks einer Boeing 747, dem Jumbojet, rund 180.000 Liter Treibstoff fassen; eine Menge, mit der ein VW-Golf eine Strecke von 2 Millionen Kilometer zurücklegen könnte.

Einleitung:
Anschaffung

Hauptteil:
Motoren/
Leistung
Abmessungen/
Gewicht
Geschwindigkeit
Beschleunigung

Löschein-
richtungen
Einsatz-
möglichkeit

Vorteil

Lieferauftrag
Aufbau/Motoren/
Fahrgestell

Tankaufbau/
Wasser
Löschmittel

Vergleich

Besatzung

Schaumrohre

Anschaffungspreis

Schluss:
Notwendigkeit der
Anschaffung

Gliedere den Text in Einleitung, Hauptteil und Schluss! Schreibe wichtige Stichwörter rechts an den Rand und unterstreiche die dazugehörenden Textstellen!
Fertige nun eine zusammenhängende Beschreibung an! Vergleiche deine Zusammenfassung mit dem Ausgangstext!

Deutsch Schr. Sprachgebrauch	Name:	Klasse:	Datum:	Nr.:

Das Referat

Das Referat sollte durch Bilder ergänzt werden, die im Episkop oder als Folie auf dem Overheadprojektor gezeigt werden können. Warum ist dies vorteilhaft?

___

___

___

Inwiefern passen die Bilder oben zum Thema des Referates?

___

Suche Stichwörter, um das Aussehen zweier Löschfahrzeuge zu vergleichen!

___

___

Du weißt jetzt, wie du bei der Anfertigung eines Referates vorgehen musst:

❶ *Beschaffung von Material:* ___

___

❷ *Text(e):* ___

❸ *Stichwörter:* ___

❹ *Unterstreichen:* ___

❺ *Ausarbeitung:* ___

❻ *Zusätzliches Material:* ___

___

Deutsch Schr. Sprachgebrauch	Name:	Klasse:	Datum:	Nr.:

Das Referat

Das Referat sollte durch Bilder ergänzt werden, die im Episkop oder als Folie auf dem Overheadprojektor gezeigt werden können. Warum ist dies vorteilhaft?

Bessere Vorstellung möglich, Vergleiche sind leichter zu ziehen

Inwiefern passen die beiden Bilder oben zum Thema des Referates?

Das alte und das neue Auto könnten miteinander verglichen werden.

Suche Stichwörter, um das Aussehen zweier Löschfahrzeuge zu vergleichen!

maschinell - Handbetrieb; Anzahl der Leute; Fassungsvermögen des Tankes; Geschwindigkeit

Du weißt jetzt, wie du bei der Anfertigung eines Referates vorgehen musst:

❶ ***Beschaffung von Material:*** Bücher, Prospekte, Fernsehen, Radio, eigene Erkundigungen, Gespräche mit Bekannten,

❷ ***Text(e):*** zusammenfassen

❸ ***Stichwörter:*** am Rand notieren

❹ ***Unterstreichen:*** alles Wichtige des Textes

❺ ***Ausarbeitung:*** Zusammenfassung ➔ Bericht bzw. Beschreibung

❻ ***Zusätzliches Material:*** Dias, Bilder, Folien für den Overheadprojektor, Filme, CDs, Zeitungsausschnitte, Tonbandaufnahmen ...

Deutsch Schr. Sprachgebrauch	Name:	Klasse:	Datum:	Nr.:

Textgebundenes Schreiben

Diese portable Stereoanlage macht Musikfans mobil und lässt alle Partyherzen schneller schlagen. ***Party-Sound 2x40*** lässt Insider aufhorchen.

DER TOTALE 2x40 W SOUND

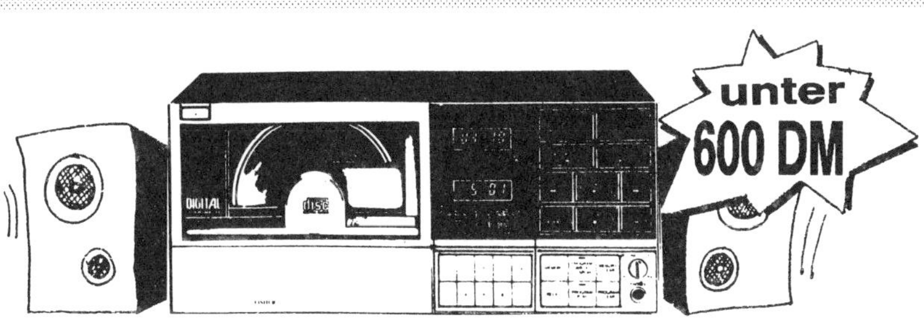

Einige technische Raffinessen:
- stabiles Metallgehäuse
- hochwertige Bausteine
- Memory- und Recalltaste
- Übersprung- und Suchlauftasten
- übersichtliches Display
- Kopfhörerbuchse
- zwei abnehmbare Boxen mit 2x40 Watt Spitzenleistung

Und das alles für unter 600 DM. Wo kann man dieses heiße Gerät kaufen? In allen Fachgeschäften und Fachabteilungen der Kaufhäuser. Also ab die Post und nichts wie hin! PARTY-SOUND 2x40 verlangen!

Party-Sound 2x40 bringt den totalen Sound - überall hin.

Arbeitsaufträge:

❶ ***Welche Vorzüge des CD-Players werden besonders herausgestellt? Suche drei und fasse sie in einem ganzen Satz zusammen!***

❷ ***Weshalb wird der Produktname Party-Sound 2x40 oft wiederholt? Begründe in einem Satz!***

❸ ***Dieser Werbetext richtet sich an Jugendliche. Suche zwei Textstellen heraus, die das belegen!***

❹ ***Erkläre folgende Ausdrücke:***
a) portable Stereoanlage
b) technische Raffinessen
c) macht Musikfans mobil

❺ ***Welche Angaben des Werbetextes könnten dich überzeugen, das Gerät zu kaufen? Begründe in einigen Sätzen!***

❻ ***Compactdiscs bieten gegenüber Schallplatten viele Vorteile. Nenne zwei und belege sie mit Beispielen!***

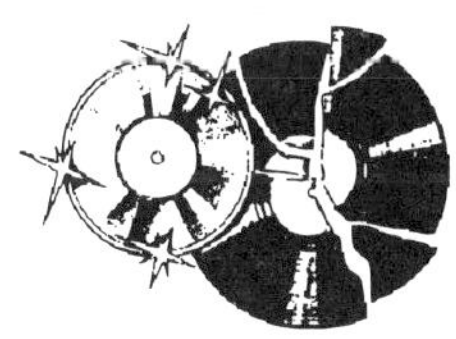

❼ ***Verfasse für den nachfolgend beschriebenen HiFi-Stereoverstärker eine ähnliche Werbeanzeige. Beachte, dass sich die Anzeige an Jugendliche richtet! Baue die technischen Angaben in den Text ein.***

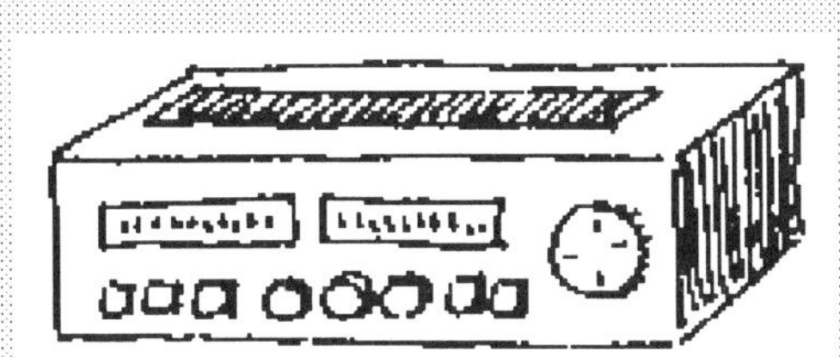

Musikleistung: 2x40 W
Frequenzbereich: 20 Hz bis 25.000 Hz
Eingänge: Phono, CD, Tuner, 2x Tape, Video
Lautsprecher: 4 Anschlüsse, 8 Ohm
LED Anzeige für beide Kanäle
Kopfhörerausgang (Phones)

Deutsch Schr. Sprachgebrauch	Name:	Klasse:	Datum:	Nr.:

Textgebundenes Schreiben

zu 1)
Der CD-Player besitzt ein stabiles Metallgehäuse, das im Inneren mit hochwertigen Bausteinen bestückt ist und an der Vorderfront ein übersichtliches Display aufweist.

zu 2)
Der Produktname "Party-Sound 2x40" soll dem Leser immer wieder ins Auge fallen und sich dadurch besser einprägen.

zu 3)
"lässt alle Partyherzen schneller schlagen", "heißes Gerät"

zu 4)
a) tragbare Stereoanlage
b) technische Feinheiten (Raffinesse = Überfeinerung; Durchtriebenheit, Schlauheit)
c) bringt Musikfans in Bewegung (mobil = beweglich, munter)

zu 5)
Bei HiFi-Geräten lege ich besonderen Wert auf Qualität. Deshalb stehen Argumente wie "stabiles Metallgehäuse" und "hochwertige Bausteine" an erster Stelle, wenn es um einen Kaufentscheid geht. Weiterhin gefällt mir, dass auf der übersichtlichen Frontplatte eine Kopfhörerbuchse eingeplant wurde, da von mir ein Hören ohne Boxen bevorzugt wird.

zu 6)
Compactdisc oder Schallplatte? Früher war das eine Gewissensfrage, die aber inzwischen eindeutig zugunsten der CD entschieden ist. Man kann heute kaum noch Platten kaufen, weil die CD zu viele Vorteile gegenüber der schwarzen Scheibe besitzt.
Ein deutlicher Vorteil ist die Unempfindlichkeit der CD. Leichte Kratzer, Fettabdrücke oder Staub verzeiht sie beim Abspielen ohne weiteres. Sie holpert nicht, bleibt im Normalfall nicht hängen oder klingt "kratzig", was man bei häufig gespielten Platten feststellen muss. Eine Reinigung der CD ist leicht zu bewerkstelligen, man wischt sie einfach mit einem feinen Staubtuch ab oder entfernt stärkere Verschmutzungen mit lauwarmen Wasser. Auch Verwellungen durch Hitzeeinwirkung können bei der CD nicht auftreten.
Ein weiterer Vorteil der CD ist die bessere Dynamik. Schallplatten klingen vom Tonbild her häufig eingeengt und flach. Die CD bringt nicht nur die Bässe fundierter und "knackiger", die Höhen schärfer und analytischer, das ganze Tonspektrum wird differenzierter und durchsichtiger wiedergegeben. Das liegt an der digitalen Aufnahmetechnik. Auf jeder guten CD liest man die drei Buchstaben DDD, was bedeutet, dass eine digitale Aufnahme vorliegt, die digital übertragen wurde und digital wiedergegeben werden kann.

zu 7)

NICHTS ist UNMÖGLICH!!

Fetziger Klang, "knackige" Bässe, nervöse Eltern, genervte Nachbarn - POWER-HIT macht's möglich!

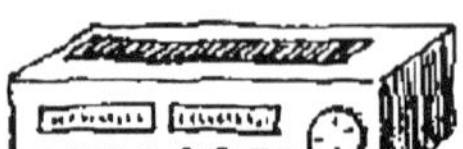

POWER-HIT

Musikleistung: 2x40 W
Frequenzbereich: 20 Hz bis 25000 Hz
Eingänge: Phono, CD, Tuner, 2x Tape, Video
Lautsprecher: 4 Anschlüsse, 8 Ohm
LED-Anzeige für beide Kanäle
Kopfhörerausgang (Phones)

Und wo kannst du dieses heiße Gerät kriegen? Überall - in allen Fachgeschäften und Fachabteilungen der Kaufhäuser. Hol ihn dir, den POWER-HIT!

POWER-HIT - technisch fit

Tierhaltung

Wir Deutschen sind Tierfreunde. Besonders vor Weihnachten schäumt die Tierliebe über, und die Kassen der Händler klingeln noch öfter als in der übrigen Zeit des Jahres.
In der Bundesrepublik werden etwa 50 Millionen Zierfische, 7,4 Millionen Vögel, 3,3 Millionen Hunde, 3,2 Millionen Katzen und 2,1 Millionen andere Heimtiere gehalten. Für die Ernährung dieser Hausgenossen werden in jedem Jahr 3,5 Milliarden Mark ausgegeben (3.500.000.000 DM)! Käfige, Aquarien, Gehegeeinrichtungen und andere zusätzliche Anschaffungen sind dabei nicht berücksichtigt. Wo so viel Geld im Spiele ist, wird natürlich nicht aus reiner Tierliebe gehandelt, sondern es geht um das Geschäft. So fallen dem Handel viele bedrohte Tiere zum Opfer, die gefangen und verkauft werden, weil "Liebhaber" sich kostbare Exoten halten wollen. Aber auch echte, in Gefangenschaft gezüchtete und nicht gefährdete Heimtierarten werden oft zu unüberlegt angeschafft.

Meist lässt die Begeisterung bald nach

Man sieht einen "putzigen" kleinen Goldhamster oder einen "munteren" Wellensittich und will ihn haben. Dann steht das Tier als Weihnachtsgeschenk unter dem Lichterbaum, wird begeistert begrüßt und ist für einige Tage Mittelpunkt der Familie. Bald stellt sich aber heraus, dass der Hamster tagsüber schläft und nachts im Käfig rumort, dass der Wellensittich Lärm und Dreck macht, nicht so schnell zahm wird, wie gewünscht, und vielleicht auch kein Wort lernt, weil man einen sprachunbegabten Vogel erwischt hat. Die Begeisterung für den neuen Hausgenossen lässt dann schnell nach. Trotzdem ist er ja weiterhin in der Wohnung, muss regelmäßig gefüttert werden, verschmutzt den Käfig, der oft gereinigt werden muss, und wird schließlich zur Last. Dann wird das Tierchen vernachlässigt, verschenkt oder gar ausgesetzt, weil niemand sich mehr mit ihm beschäftigen will.

Gewissensfragen zur Heimtierhaltung

Darum sollten Tiere niemals als Weihnachts-, Oster- oder Geburtstagsgeschenke dienen, wenn sich nicht die ganze Familie vorher klar gemacht hat, was eine Tierhaltung bedeutet.
1. Ist man bereit, das Heimtier über Jahre hinweg - selbst eine Maus wird zwei Jahre, ein Meerschweinchen bis zu zehn, eine Katze 15 Jahre alt - liebevoll und zuverlässig zu pflegen?
2. Ist man bereit, auch alte und unansehliche Tiere noch zu betreuen?
3. Ist man bereit, auf Freizeit, einen Wochenendausflug oder gar auf einen Urlaub zu verzichten, wenn die Tierhaltung das nötig machen sollte?
4. Ist man bereit, die Lebensbedürfnisse des Tieres zu achten und höher zu bewerten als die eigenen Wünsche? Manche Tiere schlafen tagsüber, andere lassen sich nicht gerne anfassen und herumschleppen. Verzichtet man dann darauf?
5. Ist man bereit, zusätzliche Kosten zu übernehmen und mit dem kranken Tier auch dann zum Tierarzt zu gehen, wenn die Behandlung teurer ist als die Anschaffung eines "neuen" Tieres?
Nur wer sich solche Fragen stellt und sie ehrlich beantwortet, kann entscheiden, ob er sich ein Tier wünscht. Um zu wissen, welche Art für ihn am besten geeignet ist, muss er sich vor der Anschaffung über die verschiedenen Heimtiere erkundigen. Es gibt in Buch- und in Zoohandlungen preiswerte, leicht verständliche und gut bebilderte Pflegeanleitungen. Unter unseren kurzen Informationen über die einzelnen Tierarten nennen wir auf den folgenden Seiten jeweils ein oder zwei Beispiele. Sie kosten nicht mehr als zehn Mark, und die Lektüre solcher Büchlein muss am Anfang jeder Heimtierhaltung stehen.

Wir wünschen euch Freude am Heimtier

Wenn ihr alle unsere Bedenken und unsere Tipps berücksichtigt habt und dann trotzdem noch ernsthaft ein Tier wollt, wünschen wir euch viel Freude an eurem lebenden Weihnachtsgeschenk!

W. Beuerle

Gewalt fast an jeder zweiten Schule in Bayern

Städte mehr betroffen als ländliche Gebiete - Staatsregierung kündigt Sofortprogramm an

Von unserem Redaktionsmitglied
Fridolin Engelfried

München

Fast jede zweite Schule in Bayern ist von Gewalttaten betroffen. Das geht aus einer Untersuchung der Staatsregierung zum Thema "Jugend und Gewalt" hervor.

Als Besorgnis erregend wird in der gestern veröffentlichten Studie das rasche Anwachsen der Gewaltbereitschaft von Grundschülern gewertet. Weiterhin falle auf, dass die Art der Gewaltausübung veränderte Qualität bekommen habe. "Verletzungen werden nicht nur in Kauf genommen, sondern absichtlich herbeigeführt." Der unterlegene Gegner werde noch getreten, wenn er schon am Boden liegt. Außerdem werden extreme Ich-Bezogenheit, Rücksichtslosigkeit und Intoleranz beobachtet. "Bestürzend ist die Brutalisierung der Sprache, die oft extrem verletzend und Menschen verachtend ist", heißt es weiter. Die Häufung betrifft vor allem die Städte, weniger Schulen in ländlicher Gegend.

Als Grund für diese Entwicklung werden die Schwächung der Familie, Arbeitslosigkeit, eingeschränkte Wohnbedingungen, vor allem aber auch die Gewaltdarstellung in den Medien genannt. In einem Sofortprogramm will die Staatsregierung daher unter anderem die freiwillige Nachmittagsbetreuung der 10- bis 16-Jährigen aufbauen und weitere Krisen- und Zufluchtstellen für Kinder und Jugendliche in Not schaffen. Dafür sind jährlich fünf bis sechs Millionen Mark vorgesehen.

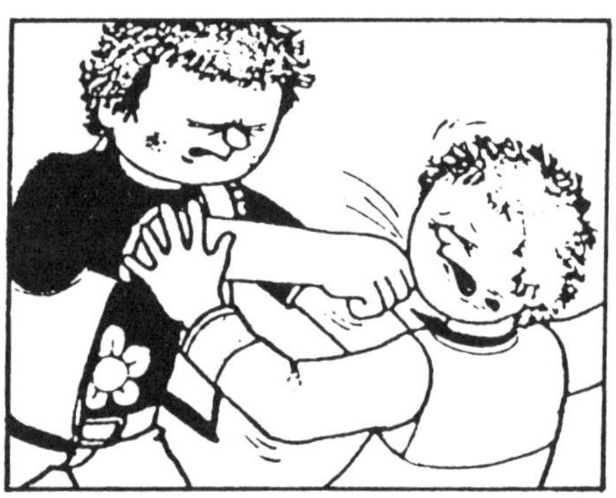

Arbeitsaufgaben:

❶ ***Nenne stichwortartig vier Gründe, die im Text erwähnt werden, für die Gewalt an Schulen!***

❷ ***Wähle davon zwei Gründe aus und erläutere sie genauer!***

❸ ***Erkläre knapp folgende Fremdwörter! Schreibe in ganzen Sätzen!***

- **Qualität**
- **extrem**
- **Intoleranz**
- **Brutalisierung**

❹ ***Welche Gegenmaßnahmen nennt der Text?***

Deutsch Schr. Sprachgebrauch	Name:	Klasse:	Datum:	Nr.:

Rambo hat es vorgemacht!

LÖST GEFILMTE GEWALT GEWALT AUS?

Brutale Actionfilme spornen Gewaltverbrecher an. Der Nährboden für die "verrohte Jugend"? Für Mölln und Solingen? Die Filme, in denen Menschen mit Kettensägen, Ninja-Sternen, Kampfpanzern und Flammenwerfern bestialisch umgebracht werden - was sonst?

Wer Gewalt zusieht, wird selbst gewalttätig. Die These ist in dieser Vereinfachung so verlockend wie falsch. Nicht jeder Rambo-Fan greift zum Baseballschläger. Gefilmte Gewalt macht aus einem harmlosen Zuschauer noch lange keinen Mörder und Brandstifter.

Entscheidend ist nicht das Bild, sondern wie der Zuschauer damit umgeht. Ein Sechsjähriger erlebt denselben Film anders als ein Zwölfjähriger, ein emotional stabiler Mensch hat mehr Distanz zu dem Medium als ein verunsicherter, enttäuschter, aggressiver Mensch, ein Vielseher reagiert anders als einer, der wenig sieht.

Eine wissenschaftliche Untersuchung, die eindeutig den Zusammenhang zwischen Medien und Gewalt beweist, gibt es nicht. Nach 5.000 Gutachten - so war auf dem Kölner Medienforum vom Juni 1993 zu hören, - wissen wir nur, dass die Wirkung einer Gewaltsendung von vielen Faktoren abhängt. Das Thema ist noch nicht einmal auf bestimmte Sendungen einzugrenzen, denn es geht auch um die reale Gewalt. Ohne die schockierenden Fernsehaufnahmen der brennenden Napalmopfer aus Vietnam wäre der Krieg nicht so schnell zu Ende gewesen. Ohne die Bilder von Gewalt gegen Kinder, gegen Frauen wären solche Themen von der Öffentlichkeit noch leichter zu verdrängen.

Die Medien allein können nicht für aggressives oder kriminelles Verhalten verantwortlich gemacht werden. Filme oder Gewaltdarstellungen können möglicherweise ein solches Verhalten auslösen: bei Jugendlichen mit hoher Gewaltbereitschaft, die schon im Elternhaus Gewalt erfahren haben, die ohne Werteorientierung und Halt leben, die unter beruflichen und privaten Schwierigkeiten leiden. Doch ein solcher Auslöser kann auch ganz etwas Anderes sein. Ein anderer Faktor muss hinzukommen, einer, der in unserem Alltag nicht gerade selten ist: Stress.

Die Medienforscherin Hertha Sturm spricht von einem Bündel von Erregungsfaktoren - Enge, Schlangestehen, Streit, Staus, Wohnungs- oder Jobsuche. Das Fernsehen mit "seinen rasant-fetzigen (Gewalt-) Darstellungen" putsche gestresste Zuschauer noch mehr auf - mit einer Erregung, "von der man nicht weiß, wann/wo und wie sie sich entlädt".

"... eine soziale Krankheit"

Gewalt sieht Jugendforscher Klaus Hurrelmann als "eine soziale Krankheit". Das Gegenmittel? Funktionierende Elternhäuser, Jugendzentren, eine Schule, wo man sich austoben kann, die neben Wissen auch Werte vermittelt, sinnvolle Ausbildungs- und Arbeitsplätze. Aber keine Fernsehzensur. Die übt übrigens auch die Bundesprüfstelle für jugendgefährdende Schriften nicht aus. Sie sorgt - auf Antrag - für die Indizierung der ärgsten Gewalt- und Sexschocker. Das heißt: Für sie darf nicht geworben und sie dürfen Kindern und Jugendlichen nicht zugänglich gemacht werden.

Eine neue Aktion "Saubere Leinwand" möchten auch die Medienverantwortlichen nicht heraufbeschwören. Dann schon lieber sich selbst kritisieren, bevor irgendjemand Zensur ausübt. ARD-Tagesthemenchef Ulrich Wickert regte zum Beispiel an, publik zu machen, welche Firma bei welchen Gewaltprogrammen ihre Werbung platziert. Die Berliner "Wochenpost" schlug analog zur Stiftung Warentest eine Stiftung Medientest vor, die Fernsehkonsumenten organisiert und ihnen eine Stimme verleiht.

V. Thomas

(aus: "Medien")

Nachts,
wenn
Dracula
erwacht

Deutsch Schr. Sprachgebrauch	Name:	Klasse:	Datum:	Nr.:

Sich mit Problemen auseinander setzen

Rauchen ist gesundheitsschädigend. Zeige das an drei Beispielen!

Gestaltungshilfen:

❶ Achte bei der Ausformulierung auf die richtige Zeitstufe: ______________________.

❷ Achte auf passende ______________________, die wieder einen ______________ ______________________ herstellen sollen!

Beispiele:

① ***Raucherhusten:***

____

② ***Raucherbein:***

____

③ ***Krebs:***

____

❸ Um anschaulich zu argumentieren, benötigst du ____________________!

Dazu ist eine gewisse Portion an ______________________ Voraussetzung.

Arbeitsaufgabe:
Suche Fragen zu den drei Beispielen!

① ***Raucherhusten:***

____

____

____

____

② ***Raucherbein:***

____

____

____

____

③ ***Krebs:***

____

____

____

____

Deutsch Schr. Sprachgebrauch	Name:	Klasse:	Datum:	Nr.:

Sich mit Problemen auseinander setzen

Rauchen ist gesundheitsschädigend. Zeige das an drei Beispielen!

Gestaltungshilfen:

❶ Achte bei der Ausformulierung auf die richtige Zeitstufe: ***Gegenwart (Präsens)***.

❷ Achte auf passende ***Überleitungen***, die wieder einen ***Bezug*** zum ***Thema*** herstellen sollen!

Beispiele:

① ***Raucherhusten:***
Rauchen ist gesundheitsschädigend. Das zeigt sich unter anderem ...

② ***Raucherbein:***
Eine weitere gesundheitsschädigende Folge des Rauchens ist ...

③ ***Krebs:***
Die gefährlichste Folge des Zigarettenkonsums ist ...

3) Um anschaulich zu argumentieren, benötigst du ***Beispiele***!

Dazu ist eine gewisse Portion an ***Sachwissen*** Voraussetzung.

Arbeitsaufgabe:
Suche Fragen zu den drei Beispielen!

① ***Raucherhusten:***

Wann tritt er besonders häufig auf? Warum arbeiten die Flimmerhärchen der Luftröhre nicht mehr? Wohin gelangen Teerstoffe außerdem noch? Wie kommt es zu einem Lungenemphysem? Welche Folge hat das?

② ***Raucherbein:***

Was sind die ersten Anzeichen (Symptome) für ein Raucherbein? Wie entsteht es? Was wird nicht mehr mit Nährstoffen und Sauerstoff versorgt? Folge? Was bleibt dem Arzt häufig nur übrig? Weißt du eine Zahl dazu?

③ ***Krebs:***

Was ist Krebs? Denke dabei an das Zellwachstum. Welche Krebsarten treten bei Rauchern besonders häufig auf? Warum? Denke dabei an die "Rauchstraße". Was kann der Arzt gegen Krebs unternehmen? Wie sind die Heilungsaussichten bei Krebs?

Deutsch Schr. Sprachgebrauch	Name:	Klasse:	Datum:	Nr.:

Sich mit Problemen auseinander setzen

Rauchen ist gesundheitsschädigend. Zeige das an drei Beispielen!

(Musteraufsatz)

Gliederung:

❶ **Raucherhusten**

❷ **Raucherbein**

❸ **Krebs**

Eine der ersten Folgen ständigen Rauchens ist der Raucherhusten. Diese krampfartigen, bellenden Anfälle treten besonders am Morgen auf und fördern eine Menge klebrigen, zum Teil schwarz gefärbten Schleims zu Tage. Durch die zahllosen Staubteilchen und Teerstoffe der Zigarette werden die Flimmerhärchen der Luftröhre in erhöhtem Maße belastet. Diese Härchen versuchen durch Bewegung nach oben und gleichzeitig höherer Schleimproduktion den Fremdkörpern Herr zu werden. So werden bei starken Rauchern die Deckzellen mit den Flimmerhärchen nach und nach durch Zellen ersetzt, die Schleim produzieren. Die natürliche Reinigungsmethode kann nicht mehr funktionieren, und so müssen die Staubteilchen mit dem Schleim abgehustet werden. Geschieht das immer häufiger, spricht man von einer chronischen Bronchitis. Ständiges, quälendes Husten führt außerdem zu einem Lungenemphysem, was so viel wie "Blählunge" bedeutet. Dabei platzen die Lungenbläschen durch den starken Hustendruck innen auf und können ihre Funktion beim Gasaustausch nur noch unzureichend erfüllen. Der Raucher leidet unter starker Atemnot und ist kaum noch zu körperlicher Leistung fähig. Das Steigen von Treppen oder das Bergaufgehen ist nicht mehr möglich.

Eine weitere, schon erheblich massivere Folge des Rauchens ist das Raucherbein, die sogenannte Bürgersche Krankheit. Das Nikotin bewirkt eine Verengung der Blutgefäße. An solchen Engstellen können sich leichter Pfropfe aus abgestorbenen Zellen und Fettteilchen bilden, die dann die Blutzufuhr zu dem unterhalb liegenden Gewebe versperren. Diese Stellen werden nicht mehr mit Sauerstoff und Nährstoffen versorgt und sterben langsam ab. Man sieht das auch von außen: Der zuerst wachsbleiche Fuß wird langsam blau, dann schwarz und brandig. Hier hilft nur eine sofortige Amputation, zumeist oberhalb des Knies. Es müsste schon zu denken geben, wenn man weiß, dass jährlich allein in Deutschland etwa 30.000 Raucherbeine abgenommen werden müssen. Die familiären, beruflichen und gesellschaftlichen Folgen für diese Person sind schwer wiegend.

Die mit Abstand gefürchtetste Folge bei Rauchern ist der Krebs. Diese Krankheit ist eine unkontrollierte, explosionsartige Vermehrung von Zellen. Dabei bilden sich Geschwulste, die nach kurzer Zeit als Metastasen den ganzen Körper überschwemmen und sich an vielen anderen Organen anlagern. Hier kann weder durch Bestrahlung mit radioaktivem Material noch operativ geholfen werden. Doch das schreckt die wenigsten Raucher ab. Zudem ist statistisch erwiesen, dass die Krebsgefahr bei Rauchern zehnmal höher liegt als bei Nichtrauchern. Erwiesen ist weiterhin, dass von den etwa 1.000 Schadstoffen der Zigarette einige wie zum Beispiel das Benzpyren hochgradig Krebs erregend sind. Natürlich sind besonders die Teile der Rauchstraße betroffen, die mit dem Rauch direkt in Berührung kommen, also Zunge, Kehlkopf, Bronchien und Lunge. Gerade diese Krebsarten trifft man bei Rauchern besonders oft an.

Deutsch Schr. Sprachgebrauch	Name:	Klasse:	Datum:	Nr.:

Sich mit Problemen auseinander setzen

Rauchen ist gesundheitsschädigend: Raucherkrankheiten

Chronische Bronchitis

ist eine der Krankheiten, die durch den Raucherhusten angezeigt werden können. Auf die andauernde Reizung durch Rauch antworten die Schleimhäute der Luftwege (Bronchien) mit vermehrter Schleimbildung. Die feinen Härchen, die normalerweise den Schmutz aus der Lunge herausstrudeln, bewältigen diese Aufgabe nicht mehr. Sie können die Schleimmassen nicht mehr abtransportieren - die Lungenreinigung kann zusammenbrechen. - Der liegen bleibende Schleim verengt und verstopft die feinen Atemwege und ist Nährboden für entzündungserzeugende Bakterien.
Entschließt sich der Raucher nicht, rechtzeitig mit dem Rauchen aufzuhören, kann es dazu kommen, dass er überhaupt nicht mehr normal atmen kann. Karl Pf. zum Beispiel kann nur noch wenige hundert Schritte gehen, dann muss er seine Atemnot mit einem "Inhalator" lindern.
Die Schleimhäute in den Bronchien bilden sich zurück, das Atmen wird schmerzhaft und geht nur noch rasselnd und pfeifend vor sich.
Eine andere Erkrankung, die nicht selten mit der chronischen Bronchitis zusammen auftritt, ist das

Lungenemphysem.

Bei dieser Erkrankung, die auch Blählunge genannt wird, lösen sich durch Hustenstöße und Verstopfung von kleinen Bronchien die Wände der Lungenbläschen auf und ganze Lungenläppchen werden funktionsuntüchtig. Lungengewebe geht verloren. Der Raucher hat verstärkt Atemnot und das Atmen ist mit erheblicher Anstrengung verbunden.

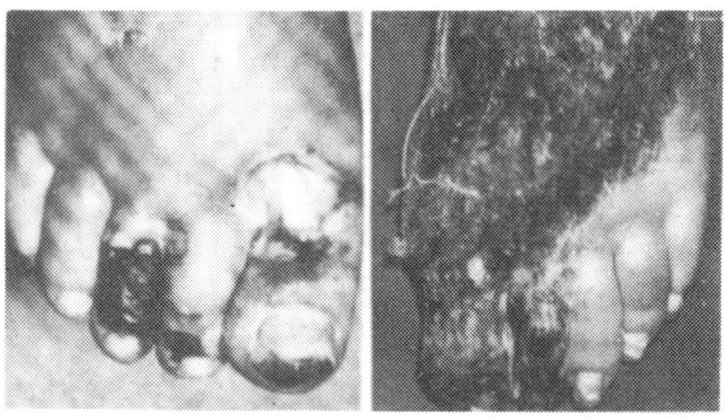

Raucherbeine im Endstadium

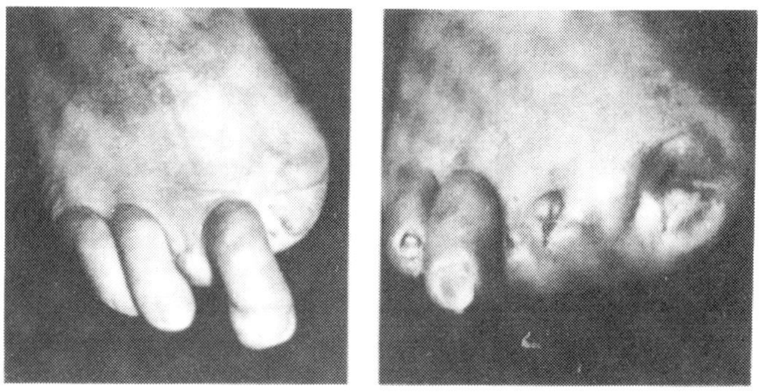

Amputierte Zehen

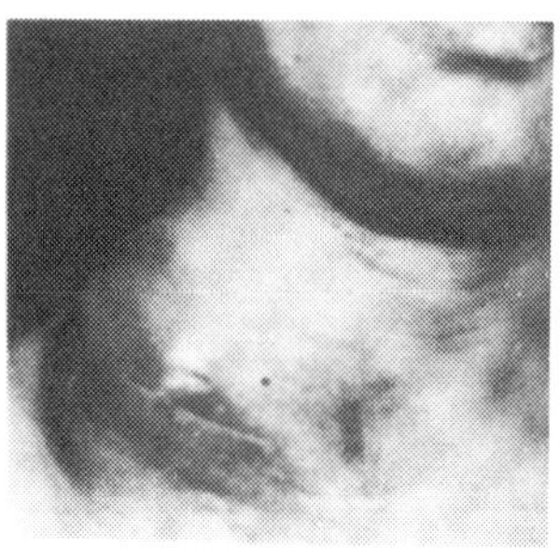

Nach oben quellender Lungenkrebs

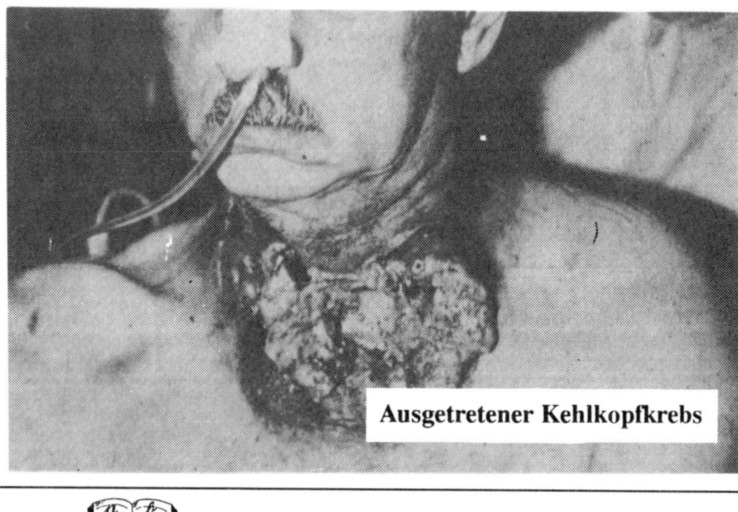

Ausgetretener Kehlkopfkrebs

Deutsch Schr. Sprachgebrauch	Name:	Klasse:	Datum:	Nr.:

Sich mit Problemen auseinandersetzen

Kampf dem Müll - ein Gebot der Stunde! Zeige Möglichkeiten auf, wie man Müll vermeiden bzw. wieder verwerten kann!

Arbeitsaufgaben:

❶ ***Schreibe eine Stichwortliste, in welcher du alles festhältst, was dir zum Thema einfällt (Stoffsammlung)!***

____

____

____

____

____

____

____

____

❷ ***Versuche nun, deine Stichwörter sinnvoll zu ordnen (Stoffordnung/Gliederung)! Dazu bieten sich vom Thema her zwei große Bereiche an:***

I) ________________________________:

1) ____________________________

2) ____________________________

3) ____________________________

4) ____________________________

5) ____________________________

II) ________________________________:

1) ____________________________

2) ____________________________

3) ____________________________

4) ____________________________

5) ____________________________

Kampf dem Müll!

Donauwörth (nj). Prima! Die Klasse 9e der Donauwörther Hauptschule statet morgen eine Aktion gegen die Verschmutzung unserer heimischen Gewässer. Die umweltbewußten Schüler verteilen auf den Straßen der Kreisstadt Flugblätter an alle interessierten Bürger.

Das Flugblatt fordert jeden Einzelnen auf, etwas gegen das Fischsterben in der Kessel, den Sauerstoffmangel in der Wörnitz und die zunehmende Verschmutzung unserer Gewässer durch Müll und Industrieabfälle zu tun. WIE, das erfahren Sie morgen auf den nett gestalteten Handzetteln.

Die Hauptschüler nehmen mit diesem Flugblatt und einem Umweltschutzposter am „Bundes-Wettbewerb Umweltschutz" in Bonn teil. Die gesamte Klasse opferte für die Arbeit an diesen Entwürfen sieben freie Nachmittage. Unter Leitung ihres Lehrers Karl-Hans Seyler stellten sie dann neben dem Poster auch das Flugblatt her (für das sie übrigens Original DZ-Schlagzeilen verwendeten), dessen Fotokopien morgen verteilt werden.

Verantwortung muss sich in aktivem, konkreten Handeln zeigen. Dabei sind verschiedene Projekte möglich:

① *Ausstellung* an der Schule
② *Umweltaktionen* (Kartieren von "wilden" Müllkippen; Säuberungsaktionen)
③ *Flugblattaktionen*
④ Gründung einer *Umweltgruppe* an der Schule mit Aufgabenbereichen wie z.B. Schulgarten, Biotopbetreuung, Mülltrennung an der Schule, Sauberhalten des Schulgebäudes und -geländes, regelmäßige Informationsveranstaltungen zu Umweltproblemen aus dem Stadt- bzw. Gemeindebereich

Deutsch Schr. Sprachgebrauch	Name:	Klasse:	Datum:	Nr.:

Sich mit Problemen auseinandersetzen

Kampf dem Müll - ein Gebot der Stunde! Zeige Möglichkeiten auf, wie man Müll vermeiden bzw. wieder verwerten kann!

Arbeitsaufgaben:

❶ ***Schreibe eine Stichwortliste, in welcher du alles festhältst, was dir zum Thema einfällt (Stoffsammlung)!***

Arten von Müll (Hausmüll, Problemmüll, Sondermüll); Altglas; Altpapier; recyclen; sammeln; kompostieren; Altöl in spezielle Behälter; Batterien; Altkleider sammeln; keine Artikel mit aufwendiger Verpackung kaufen; Mehrweg- bzw. Pfandflaschen; Eisen und Aluminium trennen; keine Plastikwaren und Plastiktüten kaufen ...

❷ ***Versuche nun, deine Stichwörter sinnvoll zu ordnen (Stoffordnung/Gliederung)! Dazu bieten sich vom Thema her zwei große Bereiche an:***

I) Wie man Müll vermeiden kann:

1) Verzicht auf aufwendig verpackte Waren
2) Verzicht auf Einwegprodukte
3) Verzicht auf Plastikwaren, Plastiktüten etc.
4) Verzicht auf umweltgefährdende Produkte (FCKW u.a.)
5) Gebrauchte Dinge nicht so schnell wegwerfen

II) Wie man Müll wieder verwerten kann:

1) Altpapier sammeln
2) Altglas sammeln und getrennt in Container werfen
3) Öle, Batterien, Lacke zum Sondermüll bringen
4) Alte Kleider bei Sammlungen abgeben
5) Komposthaufen anlegen, wo das möglich ist

Kampf dem Müll!

Donauwörth (nj). Prima! Die Klasse 9e der Donauwörther Hauptschule statet morgen eine Aktion gegen die Verschmutzung unserer heimischen Gewässer. Die umweltbewußten Schüler verteilen auf den Straßen der Kreisstadt Flugblätter an alle interessierten Bürger.

Das Flugblatt fordert jeden Einzelnen auf, etwas gegen das Fischsterben in der Kessel, den Sauerstoffmangel in der Wörnitz und die zunehmende Verschmutzung unserer Gewässer durch Müll und Industrieabfälle zu tun. WIE, das erfahren Sie morgen auf den nett gestalteten Handzetteln.

Die Hauptschüler nehmen mit diesem Flugblatt und einem Umweltschutzposter am „Bundes-Wettbewerb Umweltschutz" in Bonn teil. Die gesamte Klasse opferte für die Arbeit an diesen Entwürfen sieben freie Nachmittage. Unter Leitung ihres Lehrers Karl-Hans Seyler stellten sie dann neben dem Poster auch das Flugblatt her (für das sie übrigens Original DZ-Schlagzeilen verwendeten), dessen Fotokopien morgen verteilt werden.

Verantwortung muss sich in aktivem, konkreten Handeln zeigen. Dabei sind verschiedene Projekte möglich:

① *Ausstellung* an der Schule
② *Umweltaktionen* (Kartieren von "wilden" Müllkippen; Säuberungsaktionen)
③ *Flugblattaktionen*
④ Gründung einer *Umweltgruppe* an der Schule mit Aufgabenbereichen wie z.B. Schulgarten, Biotopbetreuung, Mülltrennung an der Schule, Sauberhalten des Schulgebäudes und -geländes, regelmäßige Informationsveranstaltungen zu Umweltproblemen aus dem Stadt- bzw. Gemeindebereich

Deutsch Schr. Sprachgebrauch	Name:	Klasse:	Datum:	Nr.:

Sich mit Problemen auseinander setzen

Aufruf: Umwelterziehung auch an unserer Schule

Umweltschutz kann auch in der Schule praktiziert werden. Es reicht vom Kaufverhalten der Schulmaterialien über unsere Essgewohnheiten während der Pause bis hin zum allgemeinen verantwortungsvollen Umweltverhalten. Müll in der Schule gehört wie zu Hause auch in den Abfalleimer bzw. Sammelkontainer, nicht aber auf den Pausehof oder in die Toiletten.
Die unten angeführten chemischen Stoffe sind zum großen Teil Krebs erzeugend, führen zu Veränderungen der Erbanlagen, rufen Allergien hervor und können zu Entzündungen von Augen und Atemwegen führen.

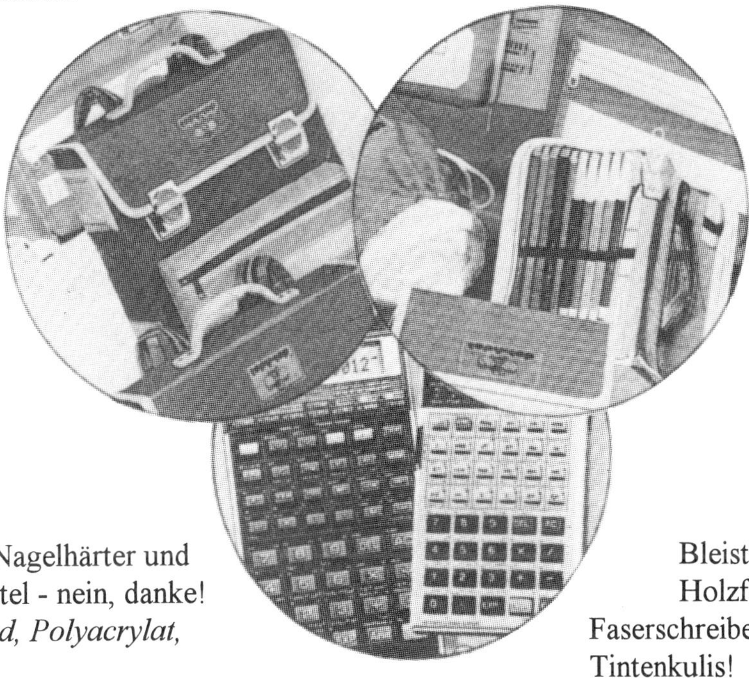

Nagellacke, Nagelhärter und Nagellösemittel - nein, danke!
(Formaldehyd, Polyacrylat, Alhydarz)

Keine künstlichen Fingernägel!
(Methalmetacrylat)

Solaruhren und Uhren ohne Quecksilberbatterien benützen!

Milch und Kakao statt im Kunststoffpack nur noch in Glasflaschen kaufen!

Pausebrot nicht in Aluminiumfolien verpacken!

Getränkedosen nicht mehr kaufen!

Getränke in Pfandflaschen kaufen!

Schultaschen und Mäppchen aus Leder statt Kunststoff, Kunstleder oder Aluminium!

Bleistifte, Füller und Holzfarbstifte statt Füllstifte, Faserschreiber, Kugelschreiber und Tintenkulis!
(Tenside, Benzylalkohol, Methylviolett, Formaldehyd)

Spezialkleber (Sekundenkleber etc.) nicht verwenden!
(Synthesekautschuk, Cyanacrylsäureester)

Statt weißem Papier Hefte und Blöcke aus Umweltschutzpapier kaufen!

Schnellhefter und Heftumschläge aus Plastik - nein, danke!

Solarrechner statt Batterierechner!
(Quecksilberbatterien)

Arbeitsauftrag:

Schreibe für die Schülerzeitung einen Aufruf, der deinen Mitschülern Anregungen für umweltbewusstes Verhalten gibt. Verwende dabei überzeugende Begründungen! Finde eine passende, ansprechende Überschrift! (Umfang etwa eineinhalb Seiten)

Deutsch Schr. Sprachgebrauch	Name:	Klasse:	Datum:	Nr.:

Sich mit Problemen auseinander zu setzen

Umweltschutz - kein Thema mehr für euch?

Ihr könnt mehr für die Umwelt tun als ihr glaubt! Blättert jetzt bloß nicht weiter und sagt, immer dieselbe Leier. Wir versuchen, euch in diesem Artikel neue Gesichtspunkte zum Thema Umweltschutz zu geben. Dieser kann überall praktiziert werden, zu Hause, am Arbeitsplatz, in der Freizeit. Auch in der Schule muss das möglich sein.

Das geht schon bei Euren Schulsachen an. Wer heute noch Schnellhefter, Heftumschläge und Mappen aus Kunststoff kauft, handelt umweltschädigend. Auch wenn Schultaschen und Mäppchen aus Leder teurer als Plastik sind, solltest du mit deinen Eltern eine solche Investition ins Auge fassen, da Leder nicht nur schöner aussieht, sondern auch ein Naturprodukt ist. Inzwischen raten auch unsere Lehrer zu Heften und Blöcken, die aus Umweltpapier hergestellt sind. Ersetze nach und nach die Filzstifte, Faser- und Kugelschreiber durch Bleistifte, Füller und Holzfarbstifte, denn diese enthalten keine belastenden Stoffe wie Tenside, Bezylalkohol, Methylviolett oder Formaldehyd. Wenn Ihr in Mathe einen Taschenrechner braucht, lege dir nur einen Solarrechner zu, denn in den herkömmlichen Rechnern stecken hoch giftige Quecksilberbatterien. Selbst in vielen Uhren findet man noch diese teuflisch giftigen Dinger. Kaufe dir lieber eine Solaruhr.

Für unsere modebewussten Damen ein kleiner, aber wichtiger Hinweis in Sachen Umweltschutz. Ihr wisst vielleicht noch nicht, dass in Nagellacken, Nagelhärtern und Nagellösemitteln Gifte wie Formaldehyd und Kunststoffe wie Polyacrylat und Alhydharz enthalten sind. Lasst sprichwörtlich eure Finger davon! Natürlich bitte auch keine künstlichen Fingernägel oder "kiloweise" Makeup. Die oben angeführten chemischen Stoffe sind zum großen Teil Krebs erzeugend, führen zu Veränderungen der Erbanlagen, rufen Allergien hervor und können zu Entzündungen von Augen und Atemwegen führen.

Ein weiterer wichtiger Aspekt zum Schutz der Umwelt ist unser Kauf- und Verbraucherverhalten. Bringt zur Schule keine Dosen mit! Lasst euch lieber euer Pausegetränk in eine Nachfüllflasche einschenken. Weist eure Mutter hin, das Pausebrot nicht in Alufolie zu verpacken! Ein einfaches Butterbrotpapier tut's auch schon. Vernünftigerweise hat das Pauseverkaufsgeschäft auf Milch und Kakao in Mehrwegflaschen statt Kunststoffpacks umgestellt.

Natürlich weiß jeder von euch, dass Müll wie zu Hause auch in den Abfalleimer bzw. Sammelkontainer, nicht aber auf den Pausehof oder in die Toiletten gehört.

Wir würden uns freuen, wenn ihr euch das alles zu Herzen nehmen würdet. Die Natur wird es euch danken!

Eure Redaktion

Deutsch Schr. Sprachgebrauch	Name:	Klasse:	Datum:	Nr.:

Textgebundenes Schreiben

Verantwortung für die Natur - unser aller Aufgabe!

Die letzten Tage der Schöpfung (Jörg Zink)

Tomi Ungerer:
Babylon

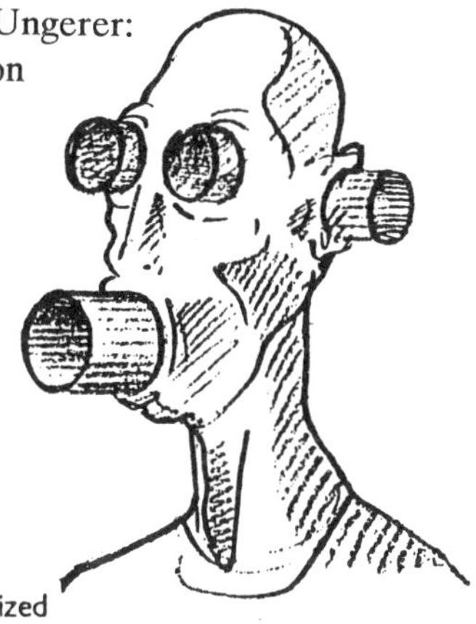

Neutralized

Am Anfang schuf Gott Himmel und Erde. Aber nach vielen Millionen Jahren war der Mensch endlich klug genug. Er sprach: Wer redet hier von Gott? Ich nehme meine Zukunft selbst in die Hand. Er nahm sie, und es begannen die letzten sieben Tage der Erde.

Am Morgen des ersten Tages beschloss der Mensch, frei zu sein und gut, schön und glücklich. Nicht mehr Ebenbild eines Gottes, sondern ein Mensch. Und weil er an etwas glauben musste, glaubte er an die Freiheit und an das Glück, an Zahlen und Mengen, an die Börse und den Fortschritt, an die Planung und seine Sicherheit. Denn zu seiner Sicherheit hatte er den Grund zu seinen Füßen gefüllt mit Raketen und Atomsprengköpfen.

Am zweiten Tag starben die Fische in den Industriegewässern, die Vögel am Pulver aus der chemischen Fabrik, das den Raupen bestimmt war, die Feldhasen an den Bleiwolken von der Straßen, die Schoßhunde an der schönen roten Farbe der Wurst, die Heringe am Öl auf dem Meer und an dem Müll auf dem Grunde des Ozeans. Denn der Müll war aktiv.

Am dritten Tag verdorrte das Gras auf den Feldern und das Laub an den Bäumen, das Moos an den Felsen und die Blumen in den Gärten. Denn der Mensch machte das Wetter selbst und verteilte den Regen nach genauem Plan. Es war nur ein kleiner Fehler in dem Rechner, der den Regen verteilte. Als sie den Fehler fanden, lagen die Lastkähne auf dem trockenen Grund des schönen Rheins.

Am vierten Tag gingen drei von vier Milliarden Menschen zu Grunde. Die einen an den Krankheiten, die der Mensch gezüchtet hatte, denn einer hatte vergessen, die Behälter zu schließen, die für den nächsten Krieg bereitstanden. Und ihre Medikamente halfen nichts. Die hatten zu lange schon wirken müssen in Hautcremes und Schweinelendchen. Die anderen Starben am Hunger, weil etliche von ihnen der Schlüssel zu den Getreidesilos versteckt hatten. Und sie fluchten Gott, der ihnen doch das Glück schuldig war. Er war doch der liebe Gott!

Am fünften Tag drückten die letzten Menschen auf den roten Knopf, denn sie fühlten sich bedroht. Feuer hüllte den Erdball ein, die Berge brannten, die Meere verdampften, und die Betonskelette in den Städten standen schwarz und rauchten. Und die Engel im Himmel sahen, wie der blaue Planet rot wurde, dann schmutzbraun und schließlich aschgrau. Und sie unterbrachen ihren Gesang für zehn Minuten.

Am sechsten Tag ging das Licht aus. Staub und Asche verhüllten die Sonne, den Mond und die Sterne. Und die letzte Küchenschabe, die in einem Raketenbunker überlebt hatte, ging zu Grunde an der übermäßigen Wärme, die ihr gar nicht gut bekam.

Am siebten Tag war Ruhe. Die Erde war wüst und leer, und es war finster über den Rissen und Spalten, die in der trockenen Erdrinde aufgesprungen waren. Und der Geist der Menschen irrlichterte als Totengespenst über dem Chaos. Tief unten, in der Hölle, aber erzählte man sich eine spannende Geschichte von dem Menschen, der seine Zukunft in die Hand nahm, und das Gelächter dröhnte hinauf bis zu den Chören der Engel.

Tomi Ungerer:
Babylon

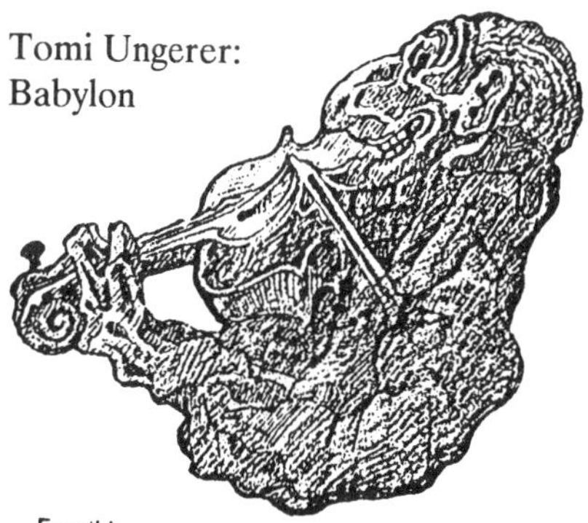

Fossil I

Deutsch Schr. Sprachgebrauch	Name:	Klasse:	Datum:	Nr.:

Textgebundenes Schreiben

Verantwortung für die Natur - unser aller Aufgabe!

Der Schöpfungsbericht (Genesis 1, 1-2, 4a - Auszüge)

Im Anfang schuf Gott den Himmel und die Erde. Die Erde aber war wüst und leer. Finsternis lag über dem Abgrund, und der Geist Gottes schwebt über den Wassern.

Da sprach Gott: "Es werde Licht!" Und es ward Licht. Gott sah, dass das Licht gut war, und Gott schied zwischen dem Licht und der Finsternis.

Gott nannte das Licht Tag, und die Finsternis nannte er Nacht. Es ward Abend, und es ward Morgen: erster Tag.

Nun sprach Gott: "Es werde ein Firmament inmitten der Wasser und scheide zwischen Wasser und Wasser!" Und es geschah so. Gott machte das Firmament, und er schied zwischen den Wassern unterhalb des Firmaments und den Wassern oberhalb des Firmaments. Gott nannte das Firmament Himmel. Es ward Abend, und es ward Morgen: zweiter Tag. ...

Fragen zu den Texten:

❶ ***Vergleiche den Text von Jörg Zink mit der biblischen Schöpfungsgeschichte! Gemeinsamkeiten? Unterschiede?***

❷ ***Welche Umweltgefährdungen beschreibt Jörg Zink? Welche dieser Probleme sind bis jetzt schon eingetreten?***

❸ ***Was können wir tun, um diesem Weltuntergang (Apokalypse) zu entgegnen? Schreibe deine Gedanken in Stichpunkten auf!***

❹ ***"Seid Sand im Getriebe der Mächtigen!" Überprüfe diese Aussage von Wolfgang Borchert auf ihre mögliche Richtigkeit in Bezug auf die Verantwortung des Menschen für die Natur!***

Wolfgang Borchert

Verantwortung zeigt sich

- in der Bereitschaft, sich regelmäßig und umfassend in kritischer Art und Weise zu informieren,
- im kritischen Durchleuchten der politischen Programme der einzelnen Parteien in Bezug auf die Umweltprobleme und deren Bewältigung,
- im umweltbewussten Verhalten und Handeln (Haushalt; Verkehr; Unterstützung von Umweltorganisationen; Initiierung und Teilnahme an Umweltaktionen).

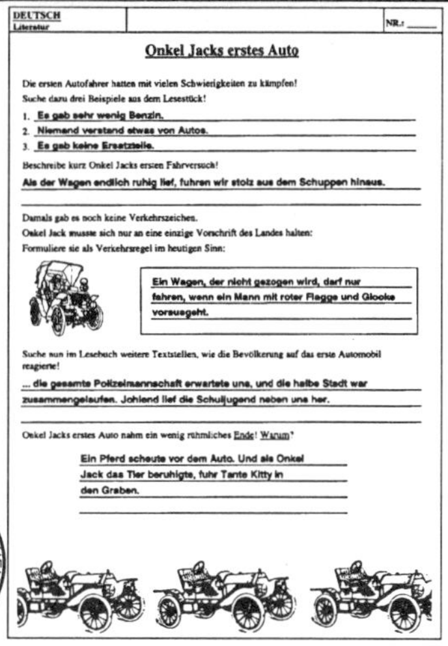

DEUTSCH Literatur NR.:

Onkel Jacks erstes Auto

Die ersten Autofahrer hatten mit vielen Schwierigkeiten zu kämpfen!
Suche dazu drei Beispiele aus dem Lesestück!
1. Es gab sehr wenig Benzin.
2. Niemand verstand etwas von Autos.
3. Es gab keine Ersatzteile.

Beschreibe kurz Onkel Jacks ersten Fahrversuch!
Als der Wagen endlich ruhig lief, fuhren wir stolz aus dem Schuppen hinaus.

Damals gab es noch keine Verkehrszeichen.
Onkel Jack musste sich nur an eine einzige Vorschrift des Landes halten:
Formuliere sie als Verkehrsregel im heutigen Sinn:

Ein Wagen, der nicht gezogen wird, darf nur fahren, wenn ein Mann mit roter Flagge und Glocke vorausgeht.

Suche nun im Lesebuch weitere Textstellen, wie die Bevölkerung auf das erste Automobil reagierte!
... die gesamte Polizeimannschaft erwartete uns, und die halbe Stadt war zusammengelaufen. Johlend lief die Schuljugend neben uns her.

Onkel Jacks erstes Auto nahm ein wenig rühmliches Ende! Warum?
Ein Pferd scheute vor dem Auto. Und als Onkel Jack das Tier beruhigte, fuhr Tante Kitty in den Graben.

Inhaltsübersicht:

I. Literatur
1. Die Reise nach Oletzko (Siegfried Lenz)
2. Onkel Jacks erstes Auto (Alexandra von Bosse)
3. Ich sehe mich (Karin Bolte)
4. Der Tag mit der Pechsträhne (Richard Carstensen)
5. John Maynard (Theodor Fontane)
6. Worte zur Vorweihnachtszeit (Th. Storm/H. Anders)

II. Mündlicher und schriftlicher Sprachgebrauch
1. Ist Fernsehen wirklich schädlich?
2. Die Erlebniserzählung
3. Wir schreiben eine Erlebniserzählung (Bildergeschichte)
4. Aus einer Bildergeschichte wird ein sachbetonter Bericht
5. Wir schreiben einen Bericht (Kennzeichen)
6. Wir untersuchen Zeitungsberichte
7. Ich- und sachbetonter Bericht im Vergleich
8. Wir untersuchen Gebrauchsanweisungen

III. Rechtschreiben
1. Großschreibung von Zeitwörtern (Verben)
2. Bekannte Fremdwörter aus dem Englischen und Französischen
3. Doppelkonsonanten
4. Ähnlich klingende Laute

IV. Sprachlehre/Sprachkunde
1. Satzglieder bilden eine Sinneinheit
2. Satzergänzungen
3. Beifügungen bestimmen einzelne Satzteile genauer
4. Angaben (Adverbiale) bestimmen den Satzkern genauer
5. Sprichwörter und ihre Bedeutung im Sprachgebrauch

V. Projekt: Integrativer Deutschunterricht
1. Mündlicher Sprachgebrauch: Diskussion - Haustier pro/contra
2. Schriftlicher Sprachgebrauch: Dialoge schreiben/Stellungnahme
3. Literatur: Sachtext/Lieben heißt loslassen können (Schnurre)
4. Sprachlehre/Sprachbetrachtung: Satzreihe und Satzverbindung
5. Rechtschreiben: Zeichensetzung - das Komma

Deutsch 7
Nr. 362 *160* **Seiten DM 36,80**

DEUTSCH Münd. Sprachgebrauch NAME: KLASSE: DATUM: NR.:
Station 1:

Für und wider das Rauchen

20000 Amputationen im Jahr
Täglich eine tödliche Dosis Nikotin
Der Tabakkonsum steigt weiter

Suche Argumente! Was erklären dir:

Freunde des Rauchens	Gegner des Rauchens
Rauchen entspannt mich!	Gesundheitliche Schäden sind groß:
Rauchen wird von den Gefahren her übertrieben.	Raucherbein, Herzinfarkt, Krebs.
Meine Freunde und Eltern rauchen auch.	Die Abhängigkeit kostet sehr viel Geld.
Sterben muss jeder einmal!	Die Werbung gaukelt eine heile Welt vor!

Inhaltsübersicht:

Literatur
Hundesitten (Konrad Lorenz)
Die Schule (Isaac Asimov)
Wir vergleichen zwei Satiren
a) Im Schweiße deines Angesichtes (Ephraim Kishon)
b) Der Superfisch (Mia Jertz)
Zwei Geschichten zum Nachdenken
a) Die Parabel vom Axtdieb
b) Künzelmann und sein böser Nachbar
Kritische Weihnachtsgedichte im Vergleich
a) Käme er heute (Kurtmartin Magiera)
b) Begebenheit (Arnim Juhre)
c) Hirtenstrophe (Peter Huchel)
Der Struwwelpeter/Der Anti-Struwwelpeter
Wir vergleichen Wintergedichte
a) Winter (Werner Bergengruen)
b) Winternacht (Joseph von Eichendorff)
c) Winter (Wolfgang Borchert)
d) Im Winter (Siegfried von Vegesack)
Wir wählen eine Klassenlektüre aus

Schriftlicher Sprachgebrauch
Wie schreibt man eine Inhaltsangabe?
Wir gestalten einen Erzählkern aus
Im Wilden Westen (Reportage/Bericht)
Taschenrechner verloren (Gegenstandsbeschreibung)
Schreckliche Folgen (Bericht)
Unser Urahn war Ausländer (Vorbereitung einer Stellungnahme)
Rauchen schadet der Gesundheit (Stellungnahme)
Textaufgaben

Mündlicher Sprachgebrauch/Sprachlehre
Mein Name heißt Üztafan oder Man muss nur richtig zuhören können
Mundartliche Texte lesen und sprechen
Menschen reden miteinander: Der Ton macht die Musik
Meinungen im Gespräch ausdrücken

Rechtschreiben
Drei gleiche Mitlaute treffen zusammen
Wir üben eine Nachschrift: San Francisco
Einüben einer Nachschrift: Angst vor Bakterien
Einüben einer Nachschrift: Die Kraft des Wassers

Deutsch 8
Nr. 363 *144* **Seiten DM 34,80**

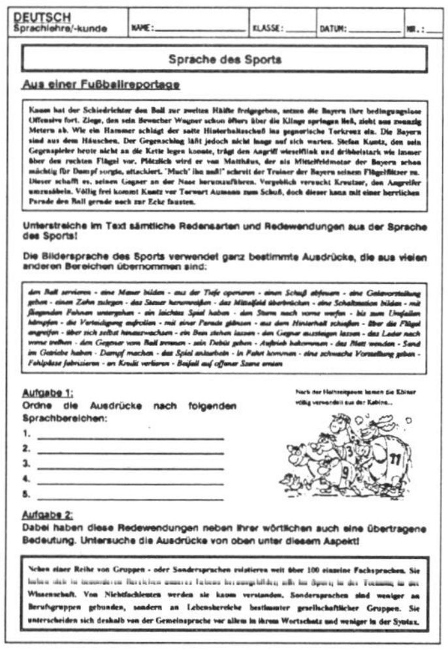

DEUTSCH Sprachlehre/-kunde NAME: KLASSE: DATUM: NR.:

Sprache des Sports

Aus einer Fußballreportage

Unterstreiche im Text sämtliche Redensarten und Redewendungen aus der Sprache des Sports!

Die Bildersprache des Sports verwendet ganz bestimmte Ausdrücke, die aus vielen anderen Bereichen übernommen sind:

Aufgabe 1:
Ordne die Ausdrücke nach folgenden Sprachbereichen:
1.
2.
3.
4.
5.

Aufgabe 2:
Dabei haben diese Redewendungen neben ihrer wörtlichen auch eine übertragene Bedeutung. Untersuche die Ausdrücke von oben unter diesem Aspekt!

Inhaltsübersicht:

Literatur
Satire: Geben ist seliger denn nehmen (A. Buchwald)
Erzählung: Zu toll (A. Tschechow)
Kurzgeschichte: Wer ist man? (K. Kusenberg)
Parabel: Das unbekannte Ziel (H. Kasack)
Erzählung: Mein verdrossenes Gesicht (S. Lenz)
Sachtext: Schlaf (I. Oswald)
Reportage: Drei Monate am Band (G. Wallraff)
Gedicht: Auffliegende Schwäne (P. Huchel)
Gedicht: Die Entwicklung der Menschheit (E. Kästner)

Mündlicher Sprachgebrauch
Mensch und Gewalt

Sprachlehre
Sprache des Sports
Sprache der Propaganda
Satzverbindung und Satzgefüge

Rechtschreiben
Fremdwörter mit der Nachsilbe „-ion"
Fremdwörter aus der Wirtschaft
Fremdwörter aus dem Französischen
Nachsilben bei Fremdwörtern
Nachschrift: Schule - einmal anders

Schriftlicher Sprachgebrauch
Stellungnahme: Mit 18 Jahren das Elternhaus verlassen
Aneignen von Sachwissen: „Waldsterben" - ein Schlagwort unserer Zeit!
Textaufgabe: Wasser in Gefahr?
Textaufgabe: Macht Fernsehen gewalttätig?
Textaufgabe/literarische Analyse: Spaghetti für zwei
Wie verbessere ich meinen schriftsprachlichen Ausdruck? (1)
Wie verbessere ich meinen schriftsprachlichen Ausdruck? (2)
Wie verbessere ich meinen schriftsprachlichen Ausdruck? (3)

Deutsch 9
Nr. 401 *150* **Seiten DM 34,80**

Inhaltsübersicht

Umwelt wahrnehmen
Textaufgabe: „Gibt es umweltfreundliche Verkehrskonzepte?"
Arbeitsaufträge zur Textaufgabe selbst finden
Mögliche Fragen zum Text
Immer wieder diese Fachbegriffe und Fremdwörter
Die ökologische Landwirtschaft / Textzusammenfassung
Die ökologische Landwirtschaft - in Stichpunkten
Wir gestalten unser Schulgebäude um / Textbearbeitung
Textaufgabe: ‚Gibt es umweltfreundliche Verkehrskonzepte?'
Beurteilungskriterien für die Bewertung der Textaufgabe
Wie erstelle ich ein Referat?
Schreiben kann man überall
Stimmungen in Worte fassen
Texte sind veränderbar !
Ein Gedicht - mein Gedicht: etwas neues entsteht!

Methodentraining
Stelle dir vor, es gäbe keine Noten / Wie würdest du dich beurteilen
Tipps zum Ausfüllen des Beurteilungsblattes
Stelle dir vor, die Schulen würden geschlossen! / Deine Ideen sind gefragt!
Wie kann man seine Arbeit besser organisieren?
Altbekannt - und doch nicht so einfach
Gar nicht so schwer / Einen Hefteintrag selbst erstellen
Wichtig : Heftgestaltung und Heftführung
Was ist das, ein Mind Map?
Clustering - Sammeln von Stichpunkten
Proben / Wie bereitet man sich am besten darauf vor?
Arbeitsplan
Mit Karten arbeiten
Frage - Antwort - Spiel
Eine Umfrage durchführen
Einen Text bearbeiten

Sucht
Unsere Klasse bespricht mit Hilfe einer Wandzeitung
Die Wandzeitung
Protokoll führen
Verlaufsprotokoll erstellen
Ergebnisprotokoll erstellen
Die Diskussionsleitung
Ein Thema
Ein Text-und viele Fragen
Wie komme ich zu den vielen Fragen?
Textaufgabe: Vorbeugen-oder was ist, wenn man schon süchtig ist?

Lernzirkel: Literatur in verschiedenen Stationen
Arbeitblätter

Gewalt
Eine Umfrage wird geplant
Gesichter und Gedanken
Gewalt in früheren Zeiten/Die Bürgschaft von Friedrich Schiller
Bilder in der Sprache
Spezialauftrag: Fernsehen
Ein bekannte Geschichte/Die West-Side-Story
Tagesprotokoll
Wie wäre es, wenn es keine Gewalttätigkeiten gäbe?
Hie stimmt etwas nicht!/Einen Text herrichten
Neue Rechtschreibung
Wege zum Miteinander/Textaufgabe

Beruf und Zukunft
Wie stelle ich mir meine Zukunft vor?
So schreibe ich eine Bewerbung
Formulierungshilfen
Lebenslauf
Vorstellungsgespräch
Das kann dir beim Vorstellen behilflich sein
Konjunktiv
Textaufgabe zum Thema: Markt
Textaufgabe zum Thema: ASIS
Die verlorene Hoffnung/Eine märchenhafte Erzählung

Der Wald
Gedanken zum Wald
Geh in den Wald
Auf dem Mars gibt es keinen Wald
Der Wald im Internet
Worterläuterungen zum PC-Gebrauch
Natur erleben/Eine Naturbeschreibung
Ein Naturgedicht
Die Stamm- und Expertengruppe

Deutsch integrativ 8
Nr. 943 *150* **Seiten DM36,80**

Stand der Preise 1999 - Bitte beachten Sie unsere aktuelle Preisliste!

Deutsch

Stundenbilder

362 **7. Schuljahr** 36,80
30 StB, 40 AB, 33 FV, 160 S.
363 **8. Schuljahr,** *Neubearbeitung* 34,80
24 StB, 160 S.
401 **9. Schuljahr,** *Neubearbeitung* 34,80
26 StB, 148 S.
871 **10. Schuljahr** i.V.

Kopierhefte/Rechtschreiben
für Freiarbeit,Übung, Differenzierung

487 **Rechtschreiben 7.-10.,** *96 S.* ✍ 27,80

Nach neuer Rechtschrift
Nachschriften/Diktate UP
mit abwechslungsreichen Übungen zu den einzelnen Nachschriften, Arbeitsblättern zur Überprüfung des Lernerfolges und weiteren Arbeitsmaterialien. Die Texte greifen Themen aus den Sachfächern auf.

906 **7./8. Schuljahr,** *96 S.* ✍ 27,80
907 **9./10. Schuljahr,** *96 S.* ✍ 27,80

Sprachlehre

434 **Sprachlehre 7.-10.** ✍ 32,80
Neubearbeitung, 41 AB, 15 FV, 136 S.
483 **Sprachlehre KP 7./8.,** *96 S.* 27,80
486 **Sprachlehre KP 9./10.** i.V.

Aufsatz

864 **7./8. Schuljahr** ✍ 37,80
Aufsatzerziehung, 160 S.
865 **9./10. Schuljahr** ✍ 37,80
Aufsatz, 160 S.
911 **Kreatives Schreiben 7.-10.** ✍ 27,80
Techniken, Tipps, Schülerbeisp. 96 S.

482 **Aufsatz Spaß 7./8.** ✍ 25,80
Kopierheft, 80 Seiten
485 **Aufsatz Spaß 9./10.** ✍ 27,80
Kopierheft, 96 Seiten

Begleithefte zu aktueller Jugendliteratur

913 **Jugendbücher 7./8.** ✍ 28,80
914 **Jugendbücher 9./10.** ✍ 28,80

Gedichte

427 **7.-9. Schuljahr** 29,80
122 Seiten, 17 Gedichte z.B. von Kästner, Rilke, BrittingTucholsky, Fontane, Bachmann, Eichendorff...
510 **10. Schuljahr** ✍ 25,80
92 Seiten, 16 Gedichte z.B. von Goethe, Hölderlin, Benn, Brecht, Celan, Hesse, Heym, Huchel, Kästner, George...

Qualifizierender Hauptschulabschluss

839 **Rechtschreiben nach neuer Rechtschrift** i.V.
450 **Textaufgaben,** *62 Seiten, DIN A5* 7,80
Restauflage:
471 **Rechtschreiben I** 12,80
Vorbereitungsdiktate, Regeln, Tipps zur Fehlervermeidung, DIN A5, 54 S. mit Lösungsheft
472 **Rechtschreiben II** 12,80
Übungen zu den häufigsten Rechtschreibfehlern, DIN A5, 62 S. mit Lösungsheft

Literatur/Lesen

570 **Kurzgeschichte Band I** ✍ 29,80
Texte v. Borchert, Böll, Lenz, Gaiser, Dürrenmatt, Langgässer...
120 S., 15 StB, 20 AB, 13 FV
826 **Kurzgeschichte Band II** ✍ 27,80
Texte v. Eich, Schnurre, Bender, Andres, Borchert, Böll..., 124 S.
571 **Erzählung** 28,80
Texte v. Lenz, Kasack, Brecht, Greene, Aichinger, Turgenjew..., 104 S., 16 AB, 12 StB, 12 FV
572 **Fabel/Parabel/Anekdote** ✍ 36,80
160 S., 22 StB, 23 AB, 23 FV
573 **Märchen/Sage/Legende,** *176 S.* ✍ 38,80
574 **Satire/Glosse.../Schwank** ✍ 27,80
96 S., 13 StB, 14AB, 14 FV
577 **Novelle** 36,80
152 S., 5 Novellen von G. Keller, J. Gotthelf, G. Hauptmann, A. v. Droste-Hülshoff, E.T.A. Hoffmann
578 **Roman** 38,80
176 S., Abenteuer-Roman, Jugend-Roman, Zukunfts-Roman, Kriminal-Roman, Entwicklungs-Roman, Gesellschafts-Roman
579 **Lyrik** 32,80
136 S., 18 Gedichte von Mörike, Hesse, Brecht, Fontane, Goethe, Schiller, Kaschnitz, Jandl...
585 **Lyrik, Band II** i.V.
580 **Texte aus den Massenmedien** ✍ 34,80
144 S., Kommentar, Nachrichten, Reportage, Bericht, Werbung - aus Zeitungen, Magazinen, TV, Rundfunk
581 **Triviale Texte** 38,80
Merkmale, Figuren, Handlungsschemata und Wirkung von Groschenheften, Western, Krimis, Arzt- und Heimatromanen, Comics im Vergleich mit literarischen Texten, 175 S. 23 AB, 19 StB, 20 FV

Unterrichtshilfen zum Drama

562 **Brecht: Der gute Mensch v. Sezuan**
von M. Mitschke, 136 S. 34,80
566 **Hauptmann: Die Ratten**
von Ch. Löffler, 92 S. 24,80

Mathematik

Stundenbilder

340 **7. Schuljahr** ✍ 39,80
Dezimalbrüche, Prozentrechnung, Terme/Gleichungen, Größen, Proportionalität
341 **8. Schuljahr** 39,80
188 S., 22 StB, 60 AB, 22 FV Taschenrechner, Prozentrechnung, Zinsrechnung, Gleichungslehre,...
342 **9. Schuljahr** 39,80
200 S., 26 StB, 63 AB Geschwindigkeitsaufgaben, Verhältnisrechnung, Gleichungen,...

Geometrie

343 **7. Schuljahr** ✍ 32,80
Dreiecke, Vierecke, Gerade Prismen, 134 S.
344 **8. Schuljahr** ✍ 33,80
150 S., 24 StB, 42 AB
Vielecke, Kreis, gerade Körper
345 **9. Schuljahr** 33,80
146 S., 15 StB, 47 AB
Konstruktionen, Pythagoras, gerade und spitze Körper, zusammengesetzte KörperÜbungen und Rechenspiele

Lernzielkontrollen
Proben in Mathematik und Geometrie

328 **7.-9. Schuljahr,** *88 Seiten, 27 AB* 26,80

Mathe-Kartei 7.-10. Schuljahr
Übungsaufgaben mit Lösungen zur Lernzielkontrolle, Wiederholung, Partner- u. Freiarbeit

854 **Zuordnungen/Einführung** 22,80
897 **Zuordnungen/weiterf. Aufgaben** ✍ 22,80
855 **Größen/Rationale Zahlen** 27,80
830 **Prozentrechnen/Einführung** ✍ 29,80
830 **Prozentrechnen/weiterf. Aufgaben** ✍ 24,80
898 **Zinsrechnen** 24,80
899 **Bruchrechnen** 19,80
900 **Flächen und Körper** ✍ 32,80
915 **Regelmäßige Vierecke** 24,80
901 **Gleichungen** ✍ 26,80

Qualifizierender Hauptschulabschluss

446 **Mathematik 7.-9. Schuljahr** 12,80
DIN A5, 56 S. mit Lösungen
447 **Geometrie 7.-9. Schuljahr** 12,80
DIN A5, 56 S. mit Lösungen
454 **Grundwissen Mathematik 7.-9.** 9,80
DIN A5, 60 S. m. Formeln u. Musterlösungen

Konzentration/Denksport

Geistreiche und vergnügliche Denkspiele, nicht nur für den Mathematikunterricht

873 **Gripsfit 7.-10. Schulj.,** *78 S.* ✍ 25,80

Religion

Unterrichtspraxis Kath. Religion

918 **Religion UP 7.,** *144 S.* ✍ 34,80
623 **Foliensatz zu Religion 7.** 39,80
919 **Religion UP 8.** *130 S.* ✍ 32,80
618 **Religion UP 9.** ✍ i.V.

Ethik

Stundenbilder

323 **7. Schuljahr** 32,80
144 Seiten, 14 StB, 27 AB, 13 FV
324 **8. Schuljahr** 34,80
145Seiten, 19 StB, 29 AB, 23 FV

UP nach Themenkreisen

614 **Ethik Unterrichtspraxis: In sozialer Verantwortung leben und lernen** *110 S.* ✍ 28,80
615 **Ethik Unterrichtspraxis: Weltreligionen unter religiösen und sozialethischen Gesichtspunkten** *120 S.* ✍ 29,80
616 **Ethik Unterrichtspraxis: Nach ethischen Maßstäben entscheiden und handeln** *88 S.* 25,80

Erdkunde

Stundenbilder

331 **Asien und Afrika** ✍ 39,80
160 S., 19 StB, 30 AB, 18 FV
333 **Amerika** ✍ 38,80
Topographie,...160 S.
660 **Folien zu Amerika** 39,80
9 Farbfolien, 42 Schwarzweißfolien